말을 잘한다는 것

일에서도 삶에서도
나의 가치를 높이는 말하기의 정석

말을 잘한다는 것

정연주 지음

세종

차례

1장 말을 잘하기 위해 알아두면 좋은 기본 상식

2장 말을 잘하기 위해 반드시 익혀야 할 기초체력

3장 말을 잘한다는 것은 지식이 많다는 것

4장 업무 보고부터 협상까지, 나의 가치를 높이는 상황별 말하기

5장   내가 하는 말은 나를 닮아 있다

말을 잘하면 얼마나 많은 이득을 얻을 수 있을까요?

회의 시간, 열심히 발표하는 동료의 목소리를 들으며 답답함을 느낀 적이 있나요? 임원 앞에서 잔뜩 긴장한 채 발표하는 상사를 보며 나도 덩달아 긴장했던 경험은요? 개인적으로 아끼는 후배이지만 말하는 방식이나 태도가 미덥지 않아 큰일을 맡기기 불안했던 경험이 있을지도 모르겠습니다. 반대로, 평소 못마땅하게 생각했던 사람이 중요한 자리에서 당당하고도 겸손한 태도로 조곤조곤 대화를 풀어가는 모습을 보고 인상을 바꾸게 되는 경우도 있지요.

누군가 말을 하면, 우리는 의도하지 않았어도 그 사람에 대해 즉각적으로 평가를 하게 됩니다. 웅얼거리는 말소리엔 본능적으로 답답함과 피로감을 느끼고, 떨리는 목소리를 들을 때면 덩달아 노심초사하고요. 반면 명확하면서도 안정적으로 말하는 사람에게는 일단 호감을 가지고 좋은 평가를 내립니다.

 그렇다면 본인의 말하기에 대해서는 어떻게 생각할까요? '나 정도면 괜찮지 않나?', '내가 낯가림이 심해서 말할 때 약간 긴장은 하지만, 그 정도는 누구나 마찬가지지', '내가 회의 시간에 말이 좀 많은 편이지만 그거야 침묵이 길어지는 게 불편해서 먼저 말하는 것뿐이야' 하는 식으로 대수롭지 않게 생각할 수도 있을 것 같습니다.

 생각해보면 우리는 다른 사람이 말하는 방식에 대해서는 제법 다양한 기준을 들이대며 이런저런 평가를 내리면서도, 자신에게는 비교적 너그럽거나 아예 별다른 생각조차 하지 않을 수 있습니다. 반대로, 아주 사소한 실수 하나로 말하기를 너무 부담스럽게 느껴서 자신의 말하기 실력을 과소평가할 수도 있고요. 어찌 됐든 말하기 덕분에 조직에서 더욱 유능한 사람으로 인정받기도 하고, 말하기 탓에 자신의 능력을 제대로 평가받지 못하고 뭘 맡겨도 불안한 사람으로 간주되기도 하는 것이 우리의 현실입니다.

 그런데 이상하지 않나요? 조직에서 보고서나 기획안을 쓸 때는 구체적인 지적을 통해 어떤 점을 개선해야 할지 객관적으로 평가받을 수 있는데, 말하기와 관련해서는 이러한 사항을 기대하기 어렵다는 점이요. "그 친구, 말을 참 잘하지 않아요?" 정도의 두루뭉술한 칭찬을 듣거나 "저 팀장이 지금 뭐라는 건지 알아듣겠어?"와 같은 부정적인 뒷말만 나오기 쉬운 것이 사실입니다.

　그도 그럴 것이, 나와 공적인 관계에 있는 누군가에게 말하는 방식이 잘못되었다고 적절한 지적을 하기란 쉽지 않은 일입니다. "당신은 말을 잘 못하시네요", "당신이 하는 말은 알아듣기 어려워요" 하면 비난하는 것으로 들리기 쉽습니다. 그러니 말을 잘 못하는 동료를 보면서 속으로 안쓰러워하거나 얕보고, 나보다 말을 잘하는 사람을 보면 부러움이나 질투를 느낄 뿐이지요.

　만약 말을 잘하는 사람을 보면서 배울 점이나 내게 적용할 만한 점을 포착할 수 있다면 얼마나 좋을까요. 우리는 소위 '말빨'이라 부르는 말하기 실력에 대해서만큼은 타고나는 능력이자 각자의 오래된 습관이라고 여기는 경향이 있습니다. 올바른 지식 없이 그저 감에 의존해 서로를 평가하기 마련이고요. 물론 말하기가 글쓰기에 비해 타고난 감각이 많이 작용하는 활동인 건 맞습니다. 생김새만큼이나 목소리가 다양하고 타고나는 말센스라는 것도 분명 있으니까요. 저마다의 말 습관도 분명히 존재하고요.

　하지만 말하기의 적절한 요소와 정확한 기준을 이해한다면, 누구나 자신의 말하기가 지닌 장단점을 파악할 수 있습니다. 타인의 말하기를 평가할 때도 단순한 칭찬이나 비난이 아닌 명확한 의견과 해결책을 제시할 수 있고요. 특히 공적인 말하기 능력은 조직에서 필요한 글쓰기 능력과 마찬가지로 분명히 개선할 수 있는 활동입니다.

그래도 과연 나의 말하기 능력을 키울 수 있을지, 나아지긴 할지 의심이 들 수 있습니다. 그래도 저는 단언합니다. 우리의 말하기 능력은 분명히 달라질 수 있고, 좋아질 수 있고, 더 나아가 탁월해질 수 있습니다. 제가 그 증거입니다. 솔직히 저의 말재주가 남들보다 조금 나을 수는 있었겠지만, 저 역시 방송사에 입사한 후 정말 부단히 깨지고 구르며 말하기를 익힌 한 명의 직장인입니다. 직업 특성상 말을 잘할 수 있는 방법을 수시로 찾아보며 깊이 고심할 수 있었고, 그렇게 되기 위해 세심하게 단련한 시간이 제법 길었고, 그렇게 쌓아온 지식을 바탕으로 실전에서 다양하게 활용한 경험이 많을 뿐입니다.

제가 그동안 만나온 적지 않은 인재들도 또 다른 증거입니다. 저는 최근 몇 년간, 자신의 영역에서 활발하게 능력을 발휘하는 사람들을 제법 만날 수 있었습니다. 그런데 이들 역시 말하기에 대한 부담감을 크게 느끼고 있었습니다. 특히 공적인 자리에서 말할 기회가 많아지는 것을 그리 달가워하지 않거나, 심한 경우 두려워하는 것도 볼 수 있었습니다. 활발한 인상이 매력적이었던 '김 팀장'들이 시간이 지날수록 자신감을 잃는 모습도 꽤 많이 보았고, 긴장감을 감추기 위한 무표정한 표정으로 말하기 상황을 어떻게든 피하려고만 하는 경우도 자주 접했습니다. 특히 조직 내에서 보고서, 이메일, 메신저 등 문서나 활자 중심의 소통에 익숙한 사람일수록 이런 경향이 더욱 강했습니다.

이런 사람들을 위해 제가 나눌 수 있었던 것은 공적인 말하기의 요소를 명확히 알고, 이를 기준으로 자신의 말하기를 점검할 수 있도록 돕는 일이었습니다. 이 과정을 통해 각자 개선할 사항을 찾아 적절한 연습법을 제안하니, 그들의 말하기 실력은 생각보다 단기간에 나아질 수 있었어요. 이러한 경우를 자주 접하면서 제 스스로 정립한 '말 잘하는 법'을, 지금부터 소개하려 합니다.

이 책에서는 공적인 말하기를 집중적으로 다룹니다. 사실, 독백이 아닌 이상 모든 말하기는 말을 하는 사람과 듣는 사람이 함께하는 만큼 공적인 활동이라고 보는 게 맞지만, 제가 안내할 말하기는 '공식적인 자리'에서 이뤄지는 말하기, 그리고 '공적인 관계'에서 이뤄지는 말하기로 제한합니다. 이 범위가 저의 솔직한 경험과 통찰의 한계에서 비롯된 것이라는 점도 밝힙니다. 말하기란, 말 그대로 우리가 살아가면서 말을 매개로 표현하는 모든 활동인데, 저는 이런 광범위한 상황의 말하기에 관한 지식을 보태기에는 능력과 경험이 부족합니다. 대신 공식적인 자리에서 형식적인 완성도를 높인 말하기의 힘과, 그 말을 하는 주체로서 존재 가치를 높일 수 있었던 경험을 여러분과 체계적으로 나누어보려 합니다.

사실 우리의 존재는 그 자체로 빛나는, 평가 불가능의 절대적 가치를 지닙니다. 하지만 공적 영역에서 활동하며 살아가는 한, 꽤 많은 부분에서 우리의 사회적 쓸모를 증명해야 하는 것도 현실입니다. '나다움'을 추구하는 바람직한 사회 분위기 속에서도 말하기에서만큼은 예외적으로 비슷한 기준이 적용되는 것도 사실이고요.

말하기 능력은, 우리 생각보다 현실에서 훨씬 중요한 요소로 작용합니다. 그러니 말하기 능력을 키운다는 것은, 일과 삶에서 어느 정도는 좀 더 나은 모습을 기대할 수 있게 합니다. 말하기를 통해 스스로가 빛나는 존재라는 사실을 자주 그리고 결정적인 순간마다 경험할 수 있다면, 그 어떤 성취보다 스스로에게 믿음을 주기에 충분할 것입니다. 자기효능감self-efficacy을 높일 수 있는 좋은 방법이기도 하고요. 그래서 저는 다양한 말하기 상황 가운데 비교적 정형화된 방법론을 제시할 수 있는 공적인 말하기를 통해, 스스로를 믿고 빛낼 수 있기를 바랍니다.

지금부터 말을 잘한다는 것이 결국 말을 하는 나를 잘 살펴야 가능한 일이자, 내가 하는 말의 궁극적인 주인이 될 상대방과 나를 맞춰나가는 과정에서 가능하다는 것을 설명합니다. 또한 말하기의 완성도를 높일 방법을 차근차근 알려드리고자 합니다. 형식적으로는 어떤 부분에 신경을 쓰면 좋을지, 내용적인 면을 충실히 쌓아가려면 어떤 방법으로 준비하면 도움이 될지도 전합니다. 우리가 자주 마주하는 대표적인 말하기 상황에서 잘 대처할 수 있는 구체적인 요령도 챙겨볼게요. 마지막으로, 말하기를 살피는 것이 결국 나 자신을 살피고 우리 사회를 건강한 모습으로 만들어가는 시작과 같은 일이라는 점도 밝혀 여러분의 공감을 기대해보고 싶습니다.

　이 책을 읽기에 앞서 두 가지를 당부합니다. 이제부터 말하기 능력은 전적으로 나의 몫이라는 점부터 인정해주었으면 합니다. 좋지 않은 목소리를 물려받았다며 부모를 원망하기에는 너무 늦었습니다. 내성적인 성격을 탓하기에도 우리는 이미 많은 역할을 수행해왔습니다. 그러니 이제는 말하기 상황을 피할 궁리를 하기보다 저와 함께 말하기를 이해하고 훈련해보기로 해요.

　또 하나의 당부는 나와 말이 통하지 않는 누군가, 그리고 갑갑한 세상에 지레 겁먹거나 실망하지 않았으면 합니다. 말하기가 두려운 이유 가운데 큰 부분을 차지하고 있는 것이, 어쩌면 상대방과 세상에 대한 믿음이 없어서는 아닐까요? 저 역시 그런 면에서 말하기가 두려워질 때가 많습니다. 하지만 우리가 말을 하면서 살아가는 이유, 그것도 잘 하면서 살아가야 하는 이유는 다름 아닌 타인과 건강한 관계를 맺고 세상 속에서 우리의 목소리를 제대로 내며 조금이나마 좋은 세상을 만들기 위해서는 아닐까요? 쉬운 일은 아니겠지만 그렇다고 마냥 외면할 일도 아니라고 생각합니다.

　여러분이 말하기를 통해 진정 이득을 볼 수 있기를 바라는 마음으로 이 책을 썼습니다. 그 과정을 통해 궁극적으로 자신이 얼마나 빛날 수 있는 사람인지도 깨달을 수 있다면 더욱 좋겠고요. 인생의 절반을 아나운서로서 살아온 제가 머리로 이해하고 마음으로 깨닫고 몸으로 터득한 내용들을, 지금부터 하나하나 꺼내 보이겠습니다.

1장

말을 잘하기 위해
알아두면 좋은 기본 상식

말을 잘하기 위해 알아두면 좋은 기본 상식

말하기는 누구에게나 어렵다

몇 년 전, 작은 서점에서 열린 북 콘서트에 참가한 적이 있습니다. 그때 한 참가자가 질의응답 시간에 떨리는 목소리를 가다듬으며 질문했습니다. '최근 팀장이 되었는데 말하는 것이 너무 두렵다, 팀원들 앞에서 얘기할 때마다 목소리가 심하게 떨리는 걸 느끼다 보니, 임원들 앞에서 중요한 발표를 할 수 있을지 모르겠다. 말하는 것 자체가 두려워져서 심리상담까지 받았다. 어떻게 해야 할지 모르겠다'라는 고민이었습니다.

　좀 더 구체적으로 본인의 상황을 설명해주셨다면 좋았겠지만, 일단 답변을 드렸습니다. 사람들은 흔히 '어떤 사건이 나의 감정을 일으킨다고 판단한다'고요. 말할 때마다 목소리가 떨리는 증상을 '사건'이라 인식하니 말하기가 두려운 '감정'이 생기는 거죠.

　그런데 사실, 어떤 사건이 우리의 감정을 일으키는 것은 아니랍니다. 만약 우리에게 일어난 특정한 사건이 우리의 감정을 유발한다면, 사람들이 똑같은 사건을 겪고도 제각각 다른 반응을 보이는 경우를 설명할 수 없어요.

　그럼 회사 생활이 어려울 정도로 말하는 것이 두렵다는 참가자의 고민은 어떻게 해결할 수 있을까요? 저는 인지행동치료 관점에서 접근한다면 '특정 사건'에 대한 '해석과 생각'이 나의 감정을 결정한다고 보는 것이 맞다고 말씀을 드렸습니다.

말할 때 목소리가 떨림	사건
↓	
'발표하기가 부담스러워'	해석과 생각
↓	
당황스러움, 두려움	감정 반응
↓	
'발표를 못 하겠어'	행동

참가자는 제 설명을 듣더니, 과거 심리상담을 받던 중 상담사가 물었다는 질문 하나를 떠올렸습니다.

"예전에 말하기 때문에 불편했거나 부정적인 경험을 한 적이 있으신가요?"

상담사의 질문에 참가자는 문득 학창 시절 즐겨 보던 어느 웹툰이 생각났다고 했습니다. 발표 불안을 느끼는 가벼운 사회공포증을 가진 학생이 주인공으로 등장하는 작품이었죠. 사람들의 부정적인 반응 하나하나를 자기 탓으로 돌리면서 매일 불안해하는 정도는 아니지만, 확실히 직급이 올라가고 시간이 지날수록 이전과 달리 사람들이 자신을 어떻게 볼지 신경 쓰인다고요. 나중에 그 작품을 다시 읽으며 사회공포증에 대해 알게 되었는데, 자신과 똑같다고 느꼈답니다. 팀장 역할을 누구보다 잘하고 싶고 발표든 뭐든 완벽하게 해내고 싶은 마음에 압도되어, 오히려 불안함이 커지고 목소리도 떨리는 것 같다고요.

두려운 느낌과 두렵다는 생각은 다르다

혹시 생각과 감정, 그리고 행동이 마치 연결 고리처럼 이어져 있다는 것을 발견하셨나요? '목소리가 떨려서 발표를 못 하겠다'라고 바로 결론 내릴 일이 아니라는 거죠.

'목소리가 떨려서 부담스러워'라는 부정적인 생각을 바꿀 수 있어야 해요. '긴장하면 목소리쯤이야 얼마든지 떨릴 수도 있지'라고 여겨야 결과적으로 다른 요인들도 바뀔 수 있으니까요. 그러니 공적인 상황에서 말하기를 막연히 두려워할 것이 아니라, 부정적인 생각을 가져오는 요인이 무엇인지 좀 더 집요하게 찾아내는 작업부터 시작해야 합니다.

북 콘서트 자리에서 이렇게 답변을 이어가는데, 참가자가 다시 마이크를 잡았어요. 무엇 때문에 자신이 말할 때마다 그렇게까지 두려움을 느끼는지는 잘 모르겠다고, 그저 자신이 너무 잘하려고 긴장하는 마음, 회사에서 잘 보이려고 하는 욕심이 문제인 것 같다고 얘기를 보탰습니다.

그런데 이 말을 할 때의 목소리는 아까와 다르게 그리 떨리지 않았습니다. 저는 그 점을 짚었어요.

"지금은 아주 편하게 말씀을 잘하시네요? 아마 제게 잘 보일 필요가 없어서겠죠?"

그분을 비롯한 다른 참가자들과 한바탕 웃고 난 후, 저는 진지하게 다시 질문했습니다.

앞으로는 목소리가 떨리는 것 말고도, 말하실 때 구체적으로 뭐가 불편한지 좀 더 생각해보시겠어요?"

그분은 그러겠다며 마이크를 내려놓았습니다. 그날 북 콘서트 자리에는 그분 외에도 말하기와 관련해 비슷한 어려움을 겪고 있다는 참가자들이 더 있었습니다. 저는 그분들께도 비슷한 답변과 설명을 드 렸습니다.

대화 도중 상대방이 내 말을 제대로 못 알아듣는 것 같은 표정을 지 을 때, 우리는 대개 비슷한 생각을 합니다.

'얘 뭐야? 말하는 사람 당황스럽게?'
'왜 저러지? 내 발음이 이상한가?'
'혹시 내가 너무 어렵게 말하나?'

대부분은 첫 번째 반응인 '느낌'에 머물기 쉽습니다. 그런데 두 번 째나 세 번째처럼 '생각'을 하면, 우리 뇌는 부정적이고 당황스러웠던 감정에 집중하기보다 '내 발음이 좋지 않다면 어떻게 해야 하지?', '좀 더 쉽게 설명해야겠다'와 같이 내가 무엇을 해야 할지 고민하고, 나아 가 그것을 고쳐야 할 무엇으로 여깁니다. 즉, 말하기가 두려워서 힘들 다는 감정에 머물러 있기보다 말할 때 목소리가 떨려서 불편하니, 떨 리지 않으려면 어떻게 해야 할지 해결책을 찾아야겠다는 시도를 할 수 있어야 합니다.

정신건강의학과 전문의들에 따르면 인지행동 측면에서 느낌과 생 각을 구분하는 접근이 상당히 중요한 과제라고 설명합니다. 인간의 뇌는 대뇌에서 생각을 주로 담당하고 변연계에서는 감정과 기억을 관 리하는데, 우리가 느끼는 두려움은 주로 변연계에서 일어나 대뇌로 퍼진다고 해요. 감정이 퍼지면서 생각에도 영향을 미치는 것이죠. 그런데 생각을 많이 하면, 즉 대뇌를 활성화하면 그것만으로도 쓸데없는 감정이 생기는 빈도가 낮아집니다. 물론 특정한 감정이 단순히 한 가지 요인으로만 생기는 건 아니어서 단언할 순 없지만, 그저 말하기가 두렵다고 '느끼는' 것과 말을 할 때 무엇 때문에 불편하다고 '설명하는' 것에는 큰 차이가 있다는 뜻입니다. 그러니 단순히 말하기가 두렵다고 느끼는 데서 끝내지 말고, 구체적으로 생각하고 나열해보는 과정이 꼭 필요합니다.

- 목소리가 떨린다
- 조금만 말해도 숨이 차다
- 상대방의 시선을 자꾸 의식한다
- 발음이 어색하다

이 내용은 앞에서 저의 설명을 들은 참가자가 북 콘서트 종료 후 저에게 말해준 본인의 문제점이었습니다. 저는 그에게 이렇게 구체적으로 불편한 점을 설명하는 것만으로도 이제 두려움을 느끼는 단계에서는 벗어난 것 같다고 말해주었습니다. 말을 못 하는 것이 두려운 것이 아니라 구체적으로 무엇이 불편한지 생각하고 찾아내는 순간, 문제해결은 시간 싸움이라고도 말해주었습니다. 우리 뇌는 그것을 진짜로 해결할 방법을 어떻게든 찾아내니까요. 저는 그 자리에서 몇 가지 훈련법도 추천했습니다. 꾸준히 연습해달라는 당부와 함께요.

말하기 전에 할 일은, 내 마음 들여다보기

우리는 새로운 환경이나 도전에 맞닥뜨렸을 때, 자신을 과소평가하는 경향이 있습니다. 공식 석상에서 말하는 다소 난이도가 높은 말하기와 관련해서도, 몇 번의 사소한 경험으로 절망하곤 합니다. '나는 말을 잘하는 데는 영 소질이 없구나…' 하고 말이지요. 떨리는 목소리를 진정시키며 어렵사리 발표하고 자리에 앉았는데 공기 중에 느껴지는 사람들의 실망감, 정성껏 준비한 자료로 열심히 발표하는데 참가자 중 한 명이 옆 사람과 딴짓을 하는 걸 볼 때의 불편함 등을 맞닥뜨리면서 말입니다.

　그러나 이런 상황에서 우리가 가져야 할 태도는 '나는 말을 잘 못하는 사람이구나'가 아닌, '이번에 뭐가 부족했나?'여야 합니다. 특히 공적인 말하기 상황은 누구에게나 부담스럽고 불편한 경험입니다. 발표를 좋아할 수 있는 시간은 우리 생애 초기 몇 년 정도에 불과하지 않을까요? 발표가 부담스럽고 조금이라도 잘하려고 눈치를 보며 스트레스를 받는 건, 모든 사람이 갖는 당연한 마음입니다. 대신 그 부담감을 어떻게 감당할지 각자에게 맞는 방법을 찾아야겠죠. 그래서 필요한 것이 바로 '너 자신을 알라'입니다. 이 책에서는 나 자신을 알아가는 과정을 '내 안의 나와 주파수 맞추기'라 표현해볼게요.

저는 조금 이른 나이에 방송사에 입사해 아나운서가 되었습니다. 잘 해내고 싶은 욕심도, 호기심도 많았습니다. 방송을 통해 만나는 출연자들과의 대화가 때론 재미있었고, 가끔은 부담스럽기도 했습니다. 라디오 방송을 진행하다 보니, 언제부터인가 어릴 적 라디오 주파수를 맞추던 기억을 떠올리곤 했지요. 생각하는 방식도 의식의 흐름도 다른 상대방에게 말을 거는 순간, 그의 작은 행동과 찰나의 눈빛을 포착하고 그의 말을 주의 깊게 들으며 최대한 상대방과 나의 마음의 주파수를 맞추려 했습니다. 시간이 흐르고 경력이 쌓일수록, 눈앞에 보이는 출연자뿐 아니라 제가 진행하는 방송을 듣고 있을 수많은 청취자와도 마음의 주파수를 맞추려 고심했습니다.

그러던 어느 날, 제게 탈이 생겼습니다. 대학원에 진학하면서 나이도 직업도 다양한 사람들을 만나게 된 것이 계기였습니다. 좋은 인연들도 많았지만 방송사에서와 달리 낯선 상황에서 느껴지는 사람들의 시선이 무척 불편했습니다. 위장이 멈춘 듯 체하기 일쑤였고, 덥지 않은 날씨에도 식은땀이 흘렀습니다. 단순히 체력을 탓하기에는 너무 비정상적인 증상이, 몸 곳곳에서 나타났습니다.

그런데 우연히 저의 이야기를 들은 정신과 전문의는 조금은 진지한 얼굴로 상담을 권하셨고, 저는 대인기피증이라는 진단을 받았습니다.

13년간 다양한 사람들을 인터뷰했고 그 누구와 대화해도 불편함이 없었으며, 아무리 큰 무대에 서도 크게 긴장하지 않았던 제게는 전혀 어울리지 않는 진단명이라고 생각했지만 결과적으로 그 진단과 치료는 정확하고 적절했습니다. 치료 과정에서 제가 깨달은 사실은 바로, 스스로를 잘 아는 것이 무엇보다 필요하고 중요하다는 점이었어요.

저는 아나운서라는 직업의 특성상, 저를 조연으로 대하고 상대방과 생각의 주파수를 맞추는 일, 청취자들과 마음의 주파수를 맞추는 일이 최우선이라고 여겼습니다. 그 역할을 잘 해내며 나름 빛을 내기도 했고요.

하지만 새로운 곳에서 한꺼번에 다양한 사람을 만나게 되면서, 그동안 알게 모르게 누적된 제 내면의 불편함이 폭발하는 지경에 이르렀던 거였어요. 방송을 위해 그동안 애써 외면하고 억눌러왔던 저의 내면이 이제 더는 아무렇지 않은 척 스스로를 속이지 말라고 아우성치는 듯했습니다. 자신의 내면을 들여다보는 과정이 얼마나 중요한지 조금은 비싼 대가를 치르고서야 깨달은 것입니다.

나와 잘 통해야 타인과도 잘 통한다

이후 저는 저의 어두운 내면을 방치하지 않았습니다. '나'를 주제로 나와 인터뷰를 해보고, 짧게나마 나에 대해 그때그때 기록하기도 했습니다. 그 시간은 어릴 적 라디오 주파수를 맞추며 즐거워하던 때를 떠올리게 했습니다. 그때와 다른 점이 있다면 이제는 외부를 향한 주파수가 아닌, 좀 더 솔직한 내 안의 나를 향해 주파수를 맞추게 되었다는 것입니다. 이러한 시간을 통해 저는, 알고 보니 의외로 예민하고 변덕스러운 구석이 많은 나라는 사람을 인정하고, 스스로와 주파수를 맞추는 작업을 게을리하지 않게 되었습니다.

그러자 건강도 좋아지고, 타인과 주파수를 맞추는 작업 역시 '정도'와 '한계'를 고려하면서 이전보다 더욱 편하게 즐기게 되었습니다. 저의 힘을 좀 빼고 제작진의 도움을 받아 어려움을 최소화하는 것도 자연스러워졌습니다.

그랬더니 놀랍게도, 제가 진행하는 방송에서도 이전보다 좀 더 편안하면서도 단단한 심지가 느껴진다는 평가를 받았습니다. 형식뿐 아니라 내용에서도 좀 더 솔직하되 욕심을 부려야 할 때는 과감히 나를 드러내고, 겸손해야 할 때는 적극적으로 상대를 돋보이게 하는 역할을 여유 있게 해낼 수 있었습니다. 이러한 말하기 능력이 다양한 상황에서 쌓이자, 어느새 남들과 적지 않은 차이를 보이며 두각을 드러낼 수 있게 되었지요.

아나운서로서 제가 하는 말하기는, 공적 말하기의 수행인 동시에 저라는 사람이 그대로 드러나는 결과물입니다. 아나운서로서는 상상조차 못했던 대인기피증 진단과 치료 과정 덕분에, 시청자나 출연자를 위해서뿐 아니라 나 자신을 위해서도 '주파수를 맞추는 과정'이 꼭 필요한 작업임을 알게 되었습니다. 방송은 물론이고 모든 공적인 말하기 상황에서도 이것이 반드시 필요한 작업이라는 사실을 깨닫게 되었고, 이는 이후 저의 말하기 철학이 되었습니다.

앞에서 소개한 북 콘서트 참가자에게 저의 경험을 따로 들려줄 기회가 있었습니다. 저는 그분에게 심리상담도 끝까지 제대로 받아보기를 권했습니다. 그분도 저처럼 세상의 기준에만 자신을 맞추느라 자기 내면을 돌보지 못했을지도 모르니까요. 그러한 시간들이 무의식중에 말하기에 대한 두려움으로 드러났을 수 있다는 점을 전하고, 이제 자신의 내면과 주파수를 맞추는 데 집중하며 차분하게 스스로를 잘 들여다볼 수 있기를 바란다고 말했습니다. 그 과정에서 나는 무엇에 욕심이 많은지, 좌절했을 때 어떤 식으로 회복하는지, 타인과 관계를 맺을 때 어떤 특징이 있는지, 감정을 드러내는 방식은 어떠한지 살펴보면 좋겠다고도 전했습니다.

그로부터 몇 달 뒤, 그분은 제게 아주 반가운 메일을 보내주었습니다.
"아나운서님, 저 요즘 발표의 달인이라는 소리를 듣습니다. 덕분입니다. 말씀해주신 대로 나름 꾸준히 했더니 진짜 효과가 있었습니다. 떨리는 목소리도 사라지고, 말을 하다가 숨이 차는 증상도 거의 느끼지 않게 되었습니다. 용하십니다. 그리고 심리상담사도 제 변화를 보고 많이 놀라시더라고요. 나와 주파수 맞추기! 기억하겠습니다. 그리고 아나운서님이 진행하시는 방송에도 늘 주파수를 잘 맞춰놓겠습니다. 감사합니다."

메일을 읽으며, 기쁘다 못해 울컥했습니다. 그동안 제가 경험하고 깨달은 내용이 결코 헛된 것이 아니었다고 느꼈거든요. 그분에게 소개했던 말하기 연습을 더욱 체계적으로 정리해보리라는 다짐도 하게 되었습니다. 어쩌면 그분 덕에 이 책을 쓰게 되었는지도 모르겠습니다.

10초의 여유로 풍성한 음성을 만들 수 있다

북 콘서트에서 만난 참가자의 사례를 좀 더 자세히 소개할게요. 그분은 둘 이상 모인 자리에서 말을 할 때, 심하게 떨리는 목소리 때문에 불편함을 겪었습니다. 몇 마디를 못 이어갈 정도로 숨이 가빠지는 증상도 겪었고요.

그분께 제가 중요하게 조언한 내용은 다름 아닌 호흡의 중요성이었습니다. 호흡은 인간이 생존하는 데 가장 중요한 기능을 합니다. 우리가 3분만 숨을 못 쉬어도 생명이 위험해지고, 뇌는 치명적인 손상을 입습니다.

또한 호흡은 우리의 목소리와 음성을 만드는 원동력이기도 합니다. 정상인은 보통 1분에 12~20회 호흡을 하는데요. 일반적인 호흡 주기는 숨을 들이마시는 '흡기'와 내뱉는 '호기', 그리고 잠시 멈추는 '휴지기'로 나눕니다. 비율은 모두 1:1:1이죠. 숨을 잠시 멈추는 휴지기 상태도 호기에 포함시켜 흡기:호기의 비율을 1:2로 보기도 합니다. 만약 어떤 사람이 1분에 20회 숨을 쉰다면, 이 사람은 한 번 숨을 쉬는 데 3초가 걸린다는 뜻입니다. 좀 더 구체적으로는 숨을 들이마실 때 1초, 내뱉을 때 2초를 쓰는 셈이 됩니다.

노래를 할 때는 흡기와 호기의 비율이 1:8에서 1:10까지도 느는데, 이 말은 누구나 훈련을 하면 한 번 흡입 후 내뱉을 수 있는 공기의 양이 훨씬 많아질 수 있다는 뜻입니다. 성악가나 가수가 아주 짧은 시간에 일반인에 비해 많은 숨을 들이마시고 자연스럽게 노래를 부르는 것이 가능한 이유이기도 하죠.

우리는 심리적으로 불안할 때 호흡이 흐트러지는 경우가 종종 있습니다. 심할 경우, 아예 숨을 제대로 들이마시는 것조차 제대로 안 되는 경우가 있습니다. 숨을 급히 들이마시고, 이걸 안정적으로 내뱉지도 못하는 상황에서 말을 하려니 그분처럼 목소리가 심하게 떨리거나, 평소와 달리 목소리가 가늘게 나옵니다. 들이마시는 공기의 양이 줄어드니 말하는 도중에 숨이 가빠오고요. 공기를 제대로 내뱉지 못한 상태에서 말을 하니 가슴이 터질 것 같고, 결국 말이 아닌 랩을 하게 됩니다. 결국, 긴장감 때문에 공적인 상황에서 말을 제대로 못하는 증상의 대부분은 호흡을 제대로 하지 못해 겪는 일임을 알 수 있습니다.

그럼 이런 상황에서 어떻게 해야 할까요? 호흡을 정확하게 하면 됩니다. 호흡을 의식하면서 안정적으로 조절하고 목소리를 가다듬을 수 있으면 됩니다. 이게 가능하냐고요? 당연히 가능합니다. 호흡은 완전 자동으로 이뤄지는 심장박동과는 달리, 자동으로도 수동으로도 이뤄지니까요. 구체적으로 설명하면, 격렬한 운동을 한 직후에 숨이 차서 호흡 횟수가 많아지고 들이마시는 공기의 양이 많아지는 이유는 우리 몸이 자동 조절을 통해 호흡하기 때문입니다. 우리는 불쾌한 냄새 때문에 숨을 참거나 정교한 작업을 할 때 잠시 호흡을 멈추기도 하지요? 그때는 우리가 호흡을 수동으로 조절하는 셈이에요. 그러니 '긴장한 내가 호흡을 어떻게 가다듬어 안정을 찾을 수 있겠어?'라고 지레 겁먹고 포기할 일이 아닙니다. 긴장한 탓에 호흡이 흐트러졌다면 호흡을 수동 조절 모드로 전환해서 다시 안정적으로 가다듬으면 될 일이지요.

　　그런데 말이 쉽지, 긴장한 탓에 호흡이 불안해지고 불안해진 호흡 탓에 목소리가 떨리는 건데, 의식적으로 호흡을 조절하라니요. 공적인 자리에서 말하는 것 자체가 이미 긴장된 상황인데, 대체 어쩌라는 말일까요?

　　이러한 긴장감을 없애는 방법 역시 호흡을 제대로 하는 것이랍니다. 우리가 숨을 들이마시면 공기는 코와 입을 통해 성대가 있는 후두로 가고, 여기에서 기관지를 타고 폐까지 들어갑니다. 이때 제일 많이 관여하는 근육이 횡격막입니다. 그래서 호흡을 할 땐 횡격막의 움직임에 유의해야 하는데요. 우리가 평소 자연스럽게 호흡할 때 횡격막은 보통 위아래로 1~2센티미터 정도 움직이고, 심호흡을 할 때는 7~8센티미터 정도로 움직입니다. 가수, 방송인 등이 자주 언급하는 복식 호흡은 바로 횡격막의 움직임을 극대화하는 호흡법입니다.

긴장감을 없애는 깊은 숨쉬기

그런데 우리가 일상에서 복식 호흡으로 발성을 하는 건 쉽지 않아요. 그럴 필요도 없고요. 사실 과도한 호흡은 오히려 또렷한 소리를 내는 데 방해가 될 수 있거든요.

우리가 복식 호흡을 익혀야 하는 이유는 공적인 상황에서 말을 잘하고 발성을 좋게 하기 위해서라기보단, 심리적 안정감을 찾는 데 도움이 되기 때문입니다. 복식 호흡을 하면 횡격막이 아래로 내려가면서 복부 장기들을 밀어내 배가 살짝 나오고 늑골은 옆으로 벌어지는데요. 이때 폐로 공기가 유입됩니다. 여기서 또 하나의 사실을 알 수 있는데, 바로 횡격막이 아래로 내려갈 때 횡격막에 분포해 있는 부교감 신경에 많은 자극이 전달된다는 점입니다. 신체를 이완하는 부교감 신경이 활성화되면서 심박수가 안정되고 혈압이 떨어지는 등 편안한 상태가 되는 것이지요.

그러니 횡격막을 최대한 아래로 움직일 수 있으면 우리가 공적인 말하기 상황에서 긴장감을 낮추고 편안한 상태를 유지하는 데 도움이 되겠네요. 그래서 깊은 호흡, 복식 호흡을 할 수 있으면 말하기에 도움을 받을 수 있습니다.

그러니 공적인 말하기 상황에서 지나치게 긴장할 때 우리가 할 일은, 두 주먹 불끈 쥐고 '떨지 말자, 긴장하지 말자, 나는 할 수 있다'를 마음속으로 외치는 것이 아닙니다. 오히려 몸에서 힘을 빼고, 목과 어깨 주변을 편안히 한 채 복식 호흡을 하면서 횡격막을 아래로 끌어내려야 합니다. 어깨가 너무 올라가지 않도록 주의하면서, 배가 볼록하게 오르락내리락하는 것이 보일 정도로 깊게 호흡을 들이마시고 내쉬며 부교감 신경이 활성화될 수 있게 해야 합니다.

그럼 복식 호흡은 어떻게 해야 할까요? 우선 숨 쉬는 박자를 익히는 것이 중요한데 일반적으로 1분에 6번 정도 숨을 쉬면 됩니다. 즉, 10초에 걸쳐 숨을 들이마시고, 참고, 내뱉는 과정을 반복하는 것이 효과적입니다.

들이마시기	—	멈추기	—	내뱉기
4초		2초		4초
4초		1초		5초

심호흡을 통한 긴장 이완 효과는 보통 20분쯤 뒤에 나타납니다. 그

러니 중요한 상황에서는 미리 시간을 계산해 먼저 호흡을 해두어야 원하는 시점에 신체를 안정적인 상태로 유지할 수 있습니다. 물론 꾸준히 연습하다 보면 이 시간도 점점 줄어듭니다. 우리 뇌가 '이 호흡을 하면 나는 늘 편안해져'라는 사실을 기억하고, 호흡 자체를 하나의 신호로 받아들이기 때문이죠.

꼭 말하기 상황이 아니어도 좋습니다. 시험이나 면접처럼 많이 긴장하는 상황에서 빨리 부담감을 떨쳐내기 위해서라도, 복식 호흡을 잘 익혀두면 도움이 된답니다.

제대로 호흡하며 자신감 있게 말하기

이번에는 제가 심리적 안정을 찾기 위해 활용하는 '10초 호흡'에 대해 설명해보겠습니다.

앞에서 언급한 북 콘서트 참가자는 처음에는 느긋하게 호흡하는 것 자체를 어려워했습니다. 심호흡을 해보라는 말에 어깨를 으쓱 끌어올렸고, 코로 숨을 들이마셔 배까지 빵빵하게 만들어보라고 하자 숨이 그렇게까지 내려가지는 않는 것 같다며 불편하다고 했습니다. 그때 제 눈에 들어온 건 그의 거북목과 말린 어깨, 그리고 전반적으로 구부정한 자세였습니다.

저는 그분께 바른 자세부터 잡게 했습니다. 턱을 목 쪽으로 살짝 당기게 해 목뼈를 바르게 정렬하고, 어깨를 최대한 반듯하게 편 채 가슴을 열고, 승모근은 내리고 배가 오르락내리락하는 것을 제대로 느낄 수 있게 척추를 바로 세운 상태가 바른 자세입니다.

복식 호흡은 사실 성인에게 자연스러운 호흡법은 아닙니다. 복식 호흡은 우리가 갓난아기 때 하던 호흡법이거든요. 인간은 나이가 들수록 점차 흉식 호흡을 하기 마련입니다. 특히 앉아서 생활하는 시간이 많을수록 복식 호흡을 불편하게 여길 수 있습니다. 그래서 복식 호흡을 하려면 몸의 움직임을 계속 의식해야 합니다.

그분은 처음 복식 호흡을 시도했더니 명치끝이 아픈 것 같다며 고개를 갸웃거렸어요. 그래서 호흡도 일종의 운동이라고 말해주었습니다. 또한 가슴만이 아닌 몸통 전체를 활용하는 운동으로 여기고, 평소 꾸준히 연습할 것을 권했습니다. 공적인 말하기 상황에서는 아래 사항을 잘 기억하라는 당부와 함께 말이죠.

- 실제 상황에서는 **호흡법을 의식하지 말 것**
- 본인에게 익숙한 **호흡법을 믿을 것**
- 소리를 편하게 **내뱉을 것**

한 번 더 강조하지만, 복식 호흡은 발성 자체를 위한 게 아니라 긴장감을 누그러뜨리는 데 필요한 호흡법입니다. 그러니 복식 호흡으로 심신의 안정감은 얻되, 실제 상황에서는 호흡법을 신경 쓰지 말아야 합니다. 그동안 연습해온 호흡법을 믿고, 이미 내 안에 풍성한 소리가 있다고 생각해야 합니다. 그리고 실전에서는 지금 이 상황에만 온전히 집중하면 됩니다.

북 콘서트에서 만났던 그분의 경우도 제가 전한 복식 호흡, 구체적으로는 10초 호흡법을 꾸준히 하면서 안정을 찾았을 거예요. 그분이 복식 호흡법을 익힌 뒤 실제로 공적 말하기를 할 때 활용한 호흡법은 아마 '흉·복식 호흡'이었을 확률이 높습니다. 말할 때 흉식 호흡만 했던 예전과 달리 복식 호흡을 통해 횡격막을 충분히 이용할 수 있게 되자, 본인은 의식하지 못했겠지만 실제 상황에서도 복식 호흡을 조금씩 활용했을 거예요. 즉, 이전보다 좀 더 많은 공기를 빠른 시간에 들이마실 수 있게 된 것이죠.

넉넉한 공기를 가지고 목소리를 만드니 소리가 훨씬 더 안정적으로 나왔을 것이고, 본인 역시 오랜만에 편안하고 풍성한 자신의 목소리를 들으며 더욱 자신감을 얻었을 것입니다. 여유가 생기니 말하기가 훨씬 편안해졌겠죠? 이러한 선순환을 통해 그분의 목소리는 분명 듣는 사람들에게 크고 선명한 에너지가 담긴, 건강하고 탄탄한 느낌을 주었을 거예요.

이제 우리 차례입니다. 숨쉬기를 중요한 운동으로 여기고, 정확하게 하는 연습을 꾸준히 해보세요. 우리 몸을 커다란 풍선이라 생각하고 틈날 때마다 코로 천천히 숨을 들이쉬고 가슴을 지나 배까지 볼록하게 만들었다가 입으로 고요하게 내쉬는 '10초 호흡'을 꾸준히 연습해보길 바랍니다.

　이 과정에 익숙해지는 데는 생각보다 오래 걸릴 수도 있습니다. 그래도 너무 조급하게 생각하지는 말았으면 해요. 북 콘서트 참가자처럼 어느새 말하기의 달인이 되어 있을지도 모르니까요.

발표할 때마다 머릿속이 하얘진다면

혹시 너무 긴장한 탓에 머리가 하얘졌던 경험이 있나요? 정확하게는 '머릿속이 하얘지는 느낌'이요. 연말 시상식을 보면 무대에 오른 수상자들이 수상 소감을 말할 때 '전혀 예상하지 못했던 결과라 머릿속이 갑자기 하얘졌다'고 말하는 경우가 왕왕 있습니다.

　'머릿속이 하얘진다'니, 생각해보면 참 재미있는 표현입니다. 실제로 기억을 잃었다거나 하얀 빛이 번쩍하는 느낌이 아닌데, 우리는 이런 표현을 자주 쓰지요. 그래도 공적인 상황에서 말하기가 두려운 사람이라면 참 멀리하고픈 표현이자, 절대 경험하고 싶지 않은 상황입니다.

　'발표 불안'은 사회공포증의 하나입니다. 무대에 서는 연주자나 배우들이 느끼는 과도한 긴장은 무대 공포증이라 하고요. 공포증까지는 아니더라도 우리는 불편한 상황에서 크고 작은 울렁증을 자주 경험합니다.

사실, 적당한 긴장은 에너지원이 될 수 있습니다. 정신을 바짝 차리게 해 실수를 막아주고, 할 일을 잘 마치고 나면 큰 기쁨과 뿌듯함을 가져다주기도 합니다. 긴장이 전혀 없는 일만 한다? 생각만 해도 지루합니다.

문제는 적당한 긴장이 아닌, 신체에 영향을 미쳐 할 일을 제대로 못할 정도로 지나친 경우입니다. 심하게 긴장을 해서 각성 상태에 이르면 호흡이 빨라지고 맥박 수가 증가하죠. 그러면 우리 몸에는 과호흡으로 인한 저이산화탄소증이 오고, 결과적으로 현기증을 느끼거나 심할 경우 졸도할 수도 있습니다.

저마다 차이는 있겠지만 졸도할 정도로 긴장하는 편이 아니라면, 이제 '사람들 앞에서 말할 때마다 머릿속이 하얘진다'는 말로 스스로를 불안한 감정에 가두지 말았으면 해요. 공적인 말하기 상황에서 긴장하는 것은 불편한 상태에서 오는 당연한 느낌이지, 이유 없이 저절로 초조하고 무서워지는 공포증이 아닙니다.

대신 오랜 세월 효과가 입증된, 제대로 된 긴장 이완법을 알고 있다면 도움이 되겠죠. 1932년 소개된 슐츠Schultz의 자율 훈련법은 가장 오래된 긴장 완화 훈련법으로 알려져 있습니다. 총 6단계로 구성되어 있는데 복잡하지 않으니 꼭 실천해보시기를 권합니다.

1단계. 약간 어둡고 조용하면서 아늑한 장소를 선택합니다. 편안한 의

자에 앉거나 바닥에 누운 채 천정이나 벽의 한 점을 바라보거나, 눈을 감고 심호흡합니다.

오른팔, 왼팔, 오른쪽 다리, 왼쪽 다리 순으로 집중하며, 각 부분에 '무겁다'는 암시를 줍니다. 실제로 각 부분에 무거운 느낌이 올 때까지 암시를 반복합니다.

2단계. 1단계와 같은 순서대로 신체의 각 부분에 '따뜻하다'라고 반복해서 암시를 줍니다.

3단계. '심장이 편안하게 천천히 뛴다'라고 반복해서 암시를 줍니다.

4단계. '나는 편안하면서도 천천히 호흡한다'라고 반복해서 암시를 줍니다.

5단계. '복부가 따뜻해진다'라고 반복해서 암시를 줍니다.

6단계. '이마가 시원해진다' 또는 '머리가 편안하고 시원하다'라고 반복해서 암시를 줍니다.

간단해 보이지만 편안한 마음으로 반복하다 보면, 어느 순간 암시하는 횟수가 줄어들어도 금방 긴장이 풀리는 것을 느낄 수 있습니다.

무엇보다도 긴장되고 불편한 상황이 닥쳤을 땐, 머릿속이 하얘지는 느낌에 나를 가두는 대신 '와우, 머릿속이 시원해지는 기분이군!' 하며 관점을 돌려보길 권합니다.

목소리보다 태도, 태도보다 내용

A는 크고 분명한 목소리를 가졌습니다. 목소리만 들으면 아주 자신만만하고 패기 넘치는 사람처럼 보이죠. 어쩌면 능력이 있어서 가뜩이나 큰 목소리를 계속 높이며 살아왔을 수도 있습니다. 학창 시절 조별 과제를 할 때면 발표를 도맡았고, 사회생활을 하는 내내 위풍당당했으니까요.

그러던 어느 날, A에게 비수 같은 피드백이 날아옵니다. 돌발 상황이 생겨 급하게 열린 회의 시간에, 팔짱을 끼고 눈을 감은 채 못마땅한 표정으로 A의 발표를 듣던 상사가 버럭 소리를 지른 겁니다.

"그래서, 도대체 알맹이가 뭐예요? 빈 수레가 요란하다더니, 하나마나 한 얘기를 떠들어대면서 뭘 목청을 그리 높여요?"

회의실 공기가 순식간에 얼어붙고, A는 말문이 막힙니다. 공개적으로 지적을 받아 부끄럽고 민망한 것도 있지만, 본인의 자부심이었던 당당한 목소리를 지적받았다는 충격이 더 큽니다.

물론 상사가 지적한 사항이 알맹이 없는 보고 내용이라는 걸 머리로는 알지만, '목소리만 큰 빈 수레' 취급을 받는 게 얼마나 당황스러운 일인지 우리는 다 알고 있지요.

그러나 우리는 A의 마음은 차치하고, 조금은 냉정하게 이 상황을 구조화해서 살펴봅시다. 먼저 이 상황을 아주 간단하게 구조화하면 다음과 같습니다.

말하는 사람　—　말하는 내용　—　듣는 사람
A　　　　　　　발표　　　　　　상사

　먼저 상사 입장에서 생각해볼까요? 우선, 보고받는 내용이 맘에 들지 않아 1차로 심리적 소음이 발생했습니다. 그런데 발표하는 A의 목소리가 크고 우렁차서 물리적 소음까지 작용했습니다. 상사는 자연스레 팔짱을 끼며 방어적인 자세를 보이면서도 눈을 감고 A의 목소리 대신 말하는 내용에 집중하려 했겠지요. 그런데 시각을 차단하고 나니, 귀에 꽂히는 A의 우렁찬 목소리가 빈약한 보고 내용과 대비되어 더더욱 시끄럽게 들립니다.

　이러한 상황에서 A가 발표 내용에 적합하지 않은 우렁찬 목소리로 상사의 심기를 건드린 것은 맞습니다. 그런데 여기서 A가 본인의 커다란 목소리를 탓한다면, 그것은 매우 잘못된 생각이겠죠? 문제는 A의 목소리가 아니니까요. 상사는 애초에 부실하고 알맹이 없는 발표 내용을 지적하고 싶었던 것이지 그의 큰 목소리를 탓하려 한 건 아니었을 겁니다.

　이쯤에서, 공적인 말하기 상황에서는 무엇이 가장 중요한지 한번 따져볼까요?

내용의 정확성·명확성 〉 말하는 사람의 확신 〉 말하는 사람의 태도

공적인 말하기에서는 무엇보다 '말하는 내용'이 가장 중요합니다. 발표자가 유의할 사항에 우선순위를 매긴다면, 내용이 얼마나 정확하고 명확한가가 최우선입니다. 다음으로는 그 발표를 하는 사람의 확신, 그 다음이 확신에서 비롯된 태도입니다.

이 기준에 비추어 A의 발표를 점검해봅니다. 우선, A가 발표하는 내용이 부정적이었습니다. 아무리 정확하고 명확해도 내용이 부정적이라면 발표자 입장에서는 심리적으로 주눅이 들 만한 사항입니다. 준비 시간도 촉박했고요. 그런데 A는 평소 말하듯 우렁찬 목소리로 상사에게 보고했습니다. A는 보고하는 내용에 적합하도록 말하기의 '포장'을 제대로 못한 것이지요.

그럼, 이런 상황에서 A는 어떻게 해야 했을까요?

무엇보다도 좀 더 솔직해야 했습니다. 누구에게요? 바로 부정적인 내용을 상사 앞에서 말해야 하는 자기 자신에게 솔직해야 했습니다. 긴장된 상황에서 주먹을 꼭 쥐고 "할 수 있다!"를 외치는 건 그리 도움이 되지 않습니다. '상황 자체도 부정적인데 시간이 없어서 내용도 부실하네. 이거 쉽지 않겠다'와 같이, 본인의 불편함과 긴장감을 솔직히 마주하는 편이 낫습니다. 급하게 발표를 준비해야 하는 상황은 이미 엎질러진 물이라 생각하고, 더 이상 머릿속에 담아두지 말아야 합니다.

발표 내용이 부정적인 것도 A의 탓이 아닙니다. 그저 보고할 사항

일 뿐이죠. A는 그 상황을 최대한 빠르게 인정하고 최선의 선택을 통해 자신이 아는 선에서 발표 내용을 최소화했어야 합니다. 부족했다면 따로 서면 보고를 하는 한이 있어도 말이죠.

발표 자리에서도 본인의 평소 목소리나 몸에 익은 당당한 자세는 잠시 내려놓고 다른 포장을 해야 했습니다. 작은 목소리로, 겸손하거나 송구스러운 척 연기를 하라는 것이 아니라 본인 스스로 현재의 위기 상황에 진지하게 몰입해야 했습니다. 발표 상황이나 그에 따른 부담감에 마음을 빼앗길 게 아니라, 발표 내용의 심각성과 위기감 그 자체에 좀 더 집중해야 했다는 뜻입니다.

만약 A가 그 상황에 제대로 몰입했다면 상사가 '빈 수레' 운운할 정도의 우렁찬 목소리는 나올 수 없었을 거예요. 어쩌면 준비가 부족한 상황에서 부정적인 내용을 발표해야 한다는 긴장감이, A가 발표 내용에 진지하게 집중할 수 없도록 방해하는 요인으로 작용했을 가능성이 큽니다.

몰입의 즐거움, 말하기의 즐거움

사실, 말하기는 즐거운 일입니다. 개인차는 있겠지만 기본적으로 우리는 다른 사람과 소통하고, 말하기를 원합니다. 말하기 자체는 본능적인 욕구거든요. 우리는 대개 네 살 무렵부터 문법을 몰라도 한국말을 술술 합니다. 언어학자들은 우리가 말을 하고 배우는 과정과 관련해 다양한 연구 결과를 내놓고 있으며, 찰스 다윈은 우리가 신생아일 때 하는 옹알이에 대해 '인간에게는 말하기의 본능이 있다'고 해석했습니다.

표현의 욕구를 충족시키고 타인과 소통하는 재미를 주는 말하기와 공적인 말하기. 이 둘은 같은 행위이지만 전혀 다른 감정을 초래합니다. 전자가 즐거움을 준다면, 후자는 부담감을 주죠. 이 차이는 어디서 비롯될까요? 친구들과 즐거운 대화를 나누다 보면 자신도 모르는 사이에 '내가 하는 말'에 푹 빠지기 쉽습니다. 그런데 발표를 할 땐 온갖 상념에 잠깁니다. 왜일까요? 잘하고 싶고, 인정받고 싶고, 어색함을 감추고 싶은 마음이 크기 때문이라고 생각합니다. 어쩌면 공적인 말하기 상황에 온전히 집중하지 못해서이기도 합니다. 공적인 말하기를 하는 동안 떠오르는 온갖 잡생각이 우리를 불편하게 만들고, 그런 생각이 말하기 상황에 집중하는 걸 방해하지요. 이러한 악순환이 거듭되면 목소리 톤, 표정, 시선 등에 영향을 주어 상황과 내용에 어울리지 않는 포장을 하게 됩니다.

《몰입의 즐거움》을 쓴 심리학자 미하이 칙센트미하이는 몰입flow을 '삶이 고조되는 순간에 물 흐르듯 자연스럽게 행동이 이어지는 느낌'이라고 정의했습니다. 그에 따르면 운동선수가 경험하는 물아일체의 상태, 신비주의자가 말하는 무아경, 예술가가 느끼는 미적 황홀경 등이 대표적인 몰입 상태입니다.

정도의 차이는 있겠지만 저는 주로 방송 시간에 몰입 상태를 경험합니다. 개인적인 문제가 아무리 머릿속을 괴롭혀도, 일단 방송을 시작하는 순간 청취자와 저만 대화하는 듯한 경험을 합니다.

미하이 칙센트미하이는 우리가 몰입할 수 있는 조건으로 선명한 목적의식, 목표, 즉각적 반응, 난이도가 적절한 과제를 꼽았습니다. 누구나 한번쯤은 기대 이상으로 말을 잘해서 희열을 느꼈던 때가 있을 텐데, 그때가 바로 말하기에서 몰입을 경험한 순간이라 할 수 있습니다. 생각해보니 저 역시 제가 진행하는 방송 프로그램의 성격을 정확하게 이해하고, 오늘 청취자들과 어떤 감정을 공유하고 싶은지 명확히 하고, 청취자들의 반응을 즉각 확인하고, 그날 방송 주제를 깊이 파고들어 신중하면서도 솔직하게 한마디 한마디를 언급하려고 노력할 때 방송에 몰입하는 저 자신을 마주할 수 있었습니다.

저는 누구나 공적인 말하기 상황에서 이와 같은 몰입을 자주 경험하길 바랍니다. 왜 말하는지, 이 말하기의 주제가 무엇인지, 말할 내용은 무엇인지 명확히 인식하고, 나의 말을 듣는 사람과 교감하고, 말하기를 준비하는 과정에서 자신의 실력을 여러모로 끌어올리려 노력한다면 누구나 공적인 말하기에 몰입할 수 있습니다. '내가 왜 해야 하나', '내가 잘할 수 있을까?', '실수하면 어떡하지' 같은 쓸데없는 생각은 빨리 버리고, 몰입하게 만드는 요소들에만 집중해보세요. 말하기를 통한 몰입의 경험을 생각보다 자주 느낄 수 있을 테니까요. 인생에서 몰입하는 순간이 많다는 것은, 우리가 하루하루를 그만큼 치열하고도 진정성 있게 살아간다는 의미이기도 할 것입니다.

우리의 목소리는 좋지도 나쁘지도 않다

자기 목소리가 좋지 않다고 생각하는 사람들이 의외로 많습니다. 말하기가 두려워진 이유로 좋지 않은 목소리를 꼽기도 합니다.

그렇다면 이런 경우를 생각해볼까요? 똑같은 내용인데 그 사람이 말하면 왠지 더 잘 들리고, 호감이 생기는 경우 말이지요.

그 이유에 대해 일반적으로는 '그 사람의 목소리가 좋아서'라고 생각하기 쉽습니다. 목소리가 좋은 사람이 말하면 당연히 같은 내용도 잘 들리죠. 그런데 알고 보면 말하는 사람에 대한 호감이나 신뢰하는 정도에 따라 그 사람의 말이 더 잘 들리는 것 또한 사실입니다. 결국 말하기에는 그 사람의 모든 것이 영향을 미칩니다. 목소리 하나가 절대 우리의 말하기 전부를 좌지우지하지 못해요.

하지만 목소리의 좋고 나쁨에 대해서도 고려할 수밖에 없다는 점을 우리는 인정합니다. 어떤 사람을 알고 모르고, 신뢰를 하고 안 하고를 떠나서, 일단 내 귀에 들리는 목소리가 좋은 느낌을 준다면 본능적으로 관심을 갖기 마련이니까요.

그럼, 좋은 목소리란 구체적으로 어떤 목소리일까요? 흔히 목소리가 좋다고 할 때의 특징을 생각해보면, 일단 타고난 소리의 감각적인 특색 자체가 아름다울 수 있습니다. 한 번만 들어도 감탄을 자아내는 목소리가 분명 있죠. 이 외에도 좋은 목소리라 평가할 수 있는 특징들이 있습니다. 포근한 느낌을 준다든가, 또렷하다든가 하는 식으로요.

아리스토텔레스는 인간의 목소리를 '영혼이 있는 생명체가 내는 소리'라고 정의했습니다. 저는 이 말을, 세상에는 참으로 다양한 목소리가 존재하고 모든 목소리에는 저마다의 가치가 있다는 의미로 받아들였습니다. 그런 의미에서 세상에 '나쁘기만 한 목소리'는 없다고 봐도 되지 않을까요?

자신의 말이 전달력이 떨어진다고 생각하는 사람들 중에도 '좋지 않은 목소리'를 탓하는 경우가 많습니다. 그런데 이건 사실이 아닙니다. 생물학적으로 타고난 목소리를 탓할 것이 아니라, 자신의 발성하는 방식에 잘못된 부분이 있어서라고 생각하는 것이 맞습니다. 당신의 목소리는 썩 나쁘지도, 썩 좋지도 않아요. 그저 소리를 내는 방식에 따라 좋은 소리와 그렇지 않은 소리, 전달력이 좋은 소리와 떨어지는 소리로 구분할 뿐입니다. 이렇게 판단하는 기준 역시 매우 주관적이고요.

그러니 더 이상 목소리를 탓하며 공적인 상황에서의 말하기를 피하지는 말기로 해요.

그래도 내 목소리가
비호감이라 생각하는 당신에게

바로 앞에서 설명했듯, 우리의 목소리 자체는 저마다의 얼굴 생김새처럼 꼼꼼하게 뜯어보며 평가할 만한 게 아니에요. 그저 각자의 목소리를 받아들이고 발성 방식을 유심히 살펴보며 잘못된 부분이 있는지 알아볼 대상일 뿐이죠.

그래도 여전히 자신의 목소리가 맘에 들지 않아 말하기 자체가 꺼려진다면, 이것 하나만 기억하면 좋겠습니다. 다른 사람이 내 목소리를 듣고 나와 똑같이 생각할 거라는 점은 큰 착각이라는 사실을요. 나에겐 너무 싫은 목소리가 다른 사람에겐 썩 좋지도 나쁘지도 않은 소리일 뿐이거든요.

대신 자신의 목소리를 자꾸 감추려 하는 태도를 상대방이 알게 된다면, 혹시 나에게 불필요한 편견을 갖게 되진 않을까를 생각해보면 좋겠습니다. '저 사람은 자신감이 부족하구나', '저 사람은 지금 말하는 내용을 제대로 숙지하지 못했구나' 하는 식으로요. 단지 자신의 목소리가 맘에 들지 않았던 것뿐인데, 사람들이 나의 목소리가 아닌 다른 모습을 보고 나에게 편견을 갖게 되는 상황, 생각해보면 그리 유쾌하진 않습니다. 다시 한번 강조하지만, 우리의 목소리는 그리 나쁘지 않아요.

이렇게 말하면서도 저는 소리에 무척 예민한, 나름의 직업병을 가지고 있습니다. 특히 누군가의 목소리, 말소리를 들으면서 그 사람에게 어느 정도 편견을 갖게 됩니다. 말소리의 리듬감을 느끼면서 그의 기분을 파악하고, 그 사람이 쓰는 어휘로 지적 수준을 가늠하고, 심지어 호흡하는 지점을 느끼며 그 사람의 건강 상태를 짐작합니다. 발음을 들으며 구강 구조를 가늠해 최근에 발치를 했는지, 혓바늘이 돋았는지 맞히기도 합니다.

이런 저조차도 쉽게 판단하지 않으려 하는 것이 있어요. 바로 목소리 자체에서 느껴지는 색깔입니다. 노란빛이 휘황찬란한 목소리를 들으면 기분이 좋아지고, 짙은 회색빛이 느껴지는 목소리를 들으면 잠시나마 마음이 가라앉는 건 모두 본능적인 반응입니다. 나의 기분과 감정은 인정하되, 그들 목소리가 갖는 고유의 색깔에 대해서는 좋고 나쁨을 생각하지 않고 그대로 받아들이려 합니다.

미국의 16대 대통령 에이브러햄 링컨의 목소리는 남성의 목소리치고는 꽤 고음이었던 것 같습니다. 녹음기가 발명되기 이전의 인물이라 우리가 그의 실제 목소리를 알 순 없지만요. 그가 대통령 후보 시절 정치적 라이벌이었던 스티븐 더글라스와 대중연설로 맞붙었을 당시, 어느 저널리스트가 링컨의 목소리를 두고 '갑판장이 부는 호루라기 소리만큼 고음이었다'라고 묘사한 기록이 있습니다. 실제로 링컨의 목소리에 대해 '쨍쨍하다', '날카롭다', '불쾌하다'고 말하는 사람들도 있었다고 하고요.

링컨에 비해 더글라스는 목소리며 외모가 여러모로 호감형이었던 것 같아요. 그의 목소리는 그윽하게 울리는 위엄이 있으면서도 성량이 크고 톤은 낮은 목소리로 묘사되어 있고, 연설 역시 우아하고 세련되고 편안한 느낌을 주면서도 빠르고 유연했다고 전해집니다. 링컨은 연설을 하다가 중간에 말을 끊고 머뭇거리는 경우도 많았는데 말이죠.

그런데 후보 간 연설과 토론이 계속되면서, 링컨의 목소리와 발성 방식은 오히려 강점이 되었습니다. 제대로 된 음향 시설이 없던 시절, 청중의 수가 점점 불어나는 상황에서는 링컨의 높고 째지는 듯한 목소리가 더글라스의 낮은 목소리보다 청중들에게 더 잘 들렸던 거죠. 더글라스는 선거 막바지에 목소리를 크게 내려다 무리하는 바람에 후두염에 걸려 소리를 제대로 내지 못하는 지경까지 됐다고 하니, 타고난 목소리 덕에 우위에 섰다고 생각했던 더글라스는 오히려 목소리 때문에 손해를 보게 됩니다.

연설 스타일에서도 링컨의 머뭇거리는 태도는 시간이 지날수록 신중하고 진정성 있게 느껴진 반면, 더글라스의 유려한 연설은 말만 번지르르한 느낌을 주었답니다. 당시 기록을 남긴 저널리스트는 링컨의 목소리과 연설 스타일에 대해 '그의 도덕적 우월감과 진심이 청중에게 고스란히 전해졌다'라고 평가할 정도였으니, 링컨의 목소리 톤이 객관적으로 어떠했든 간에 그는 연설을 통해 정의와 평등에 대한 자신의 신념을 청중에게 잘 전달했던 것 같습니다.

만약 링컨이 세상에 하나밖에 없는 자신만의 고유한 목소리를 비호감이라 여기고 위축된 나머지, 사람들에게 자신의 의견을 피력하는 것을 회피하고 입을 다물었다면 어떻게 되었을까요? 만약 그랬다면 그가 탐독했다는 책 《스콧의 웅변술Scott's Lessons》은 자신이 읽을 책이 아니라고 생각하며 살았을지도 모르겠습니다. 그가 대통령이 되기 전, 직업적 한계에 부딪힐 때 지인들에게 종종 언급했다는 목수나 대장장이가 되어 평범한 삶을 살았을지도 모를 일이고요. 당시 더글라스의 연설, 이를테면 "정부는 백인의 이익을 위해, 백인에 의해 관리되기 위해, 백인에 의해 만들어진 것"이라는 연설을 먼발치에서 들으면서 그저 야유 정도를 보내는 것으로 만족했을 것도 같습니다. 그렇다면 인류 역사에 링컨이라는 대통령은 없었을수도 있겠죠.

혹시 자신의 목소리가 너무 가늘고 힘이 없어서, 또는 허스키한 느낌이 강해서, 아니면 링컨처럼 날카로운 고음이라 남들 앞에서 말하는 게 어렵다면 우선 그 생각에서 벗어나는 것부터 시작해보세요. 사람들은 이 사람이 어떤 내용을 어떻게 말하는지에 관심을 갖지, 이 사람의 목소리가 어떤지 여부에는 의외로 관심이 없습니다.

내가 생각하는 내 목소리의 단점을 다른 사람들도 똑같이 느낀다면 그들의 청각이 나의 목소리 톤에 익숙해질 때까지 잠시 신경을 쓸 수도 있겠지만, 그것도 길어야 초반 몇 분입니다. 그러니 공적인 상황에서 말하는 것에 대한 걱정 중 목소리에 대한 고민은 접어두어도 좋겠습니다.

대신 이것 하나는 꼭 기억해주세요. 그 누구보다 내가 나의 목소리에 익숙해질 수 있도록, 나 자신에게 본인의 목소리를 자주 들려주는 겁니다. 책을 읽다가 마음에 드는 문장을 소리 내어 읽어보거나, 드라마 속 마음에 드는 캐릭터의 대사를 따라 해보는 겁니다. 내 목소리가 담아낼 나의 말소리에 집중하면서, 혼자 있는 시간에 자주 큰소리로 읽어보는 것만으로도 우리는 자신의 목소리와 친해질 수 있습니다.

세상에는 자주 보아야 예쁜 것이 참 많이 있습니다. 목소리도 마찬가지입니다. 자주 들어야 자신의 목소리에서 좋은 점을 찾을 수 있지요. 누구의 목소리도 예외가 아닙니다.

2장

말을 잘하기 위해
반드시 익혀야 할 기초체력

말을 잘하기 위해 반드시 익혀야 할 기초체력

TPO, OOTD보다 중요한 말하기의 TPC

우리는 옷을 입을 때 시간Time과 장소Place, 상황Occasion을 고려한 이른바 TPO를 중요하게 생각합니다. 이 세 가지에서 많이 어긋나면 예의가 없다거나 무례하다는 비판을 받기도 하지요.

말과 관련해서도 이와 비슷한 경우가 종종 생깁니다. 공적인 말하기 상황일수록 나의 말이 갖추어야 할 기본적인 사항들이 있습니다. 기본만 지켜도 자연스레 지나갈 일인데, 그 기본이 갖춰지지 않을 경우, 말하는 이의 의도와 달리 문제가 되어 좋지 않은 평가를 받는 경우가 있는데요. 저는 그 기본을 공적인 말하기의 TPC라 정리합니다.

공적인 말하기의 TPC

목소리의 적절한 톤 Tone

적절한 자세 Pose

최적의 내용 선택 Choice

이 중에서도 가장 중요한 것은 제한된 시간 내에 어떤 내용을 언급할지 선택하는 것입니다. 물론 그 내용으로 말할 때 어떤 자세를 취할지도 관건이지요. 어떤 톤으로 말할지도 당연히 중요하고요.

공적으로 말하는 자리에서는 TPC라는 포장에도 신경을 써야 하는 것이 당연합니다. 그러나 대부분 조직에서는 말보다는 이메일과 메신저, 보고서 등으로 소통하는 데 더 익숙하니 발표나 보고를 할 때 적합하게 포장하는 데는 서툰 경우가 많습니다.

물론 중요한 것은 말하기 상황에 몰입하는 것입니다. 공적인 말하기에서의 TPC가 억지스러운 포장이 되면 곤란합니다. 말할 내용에 진지하게 집중하고 말하는 상황에 온전히 몰입해야 듣는 사람들의 마음을 움직일 수 있습니다.

첫 번째 공식 T, 청각을 사로잡는 톤

남들 앞에서 말하는 것 자체가 부담스러운 B에겐 '주 기자'라는 별명
이 있습니다. 회의 자리에서 말을 할 때마다 〈SNL 코리아〉 속 주현영
배우가 연기한 인턴 기자의 말투가 느껴진다며 사람들이 몰래 붙인
별명입니다.

　그러다 보니 이제는 회사 생활 자체가 두려워진 B. 요즘은 수십만
원짜리 스피치 수업을 듣는 사람들도 많다는데, 말을 잘하기 위해 그
렇게까지 돈을 써야 하나 싶기도 하고, 관심 갖고 들여다본 관련 영상
에서는 '말을 할 때 목을 열어라' 하는 등 알아듣지 못할 내용만 나오
니 어리둥절합니다.

　흔히 말투라 하면 특정한 말버릇을 떠올리기 쉽습니다. 그러다 보
니 저마다 생각하는 바가 다르지요. 저는 말투라는 두루뭉술한 표현
에서 벗어나, 좀 더 명확한 단어로 설명해볼게요.

　우선, B의 말투에서 발성을 짐작해볼까요? 아마 목 주변의 모든 근
육에 힘이 잔뜩 들어간 채로 소리를 낼 것 같습니다. 혀의 움직임 역
시 무겁고 둔하고, 혀뿌리는 목 안쪽으로 바짝 당긴 채 소리를 낼 듯
합니다.

　또 하나, B의 발성이 회의 시간에 더욱 두드러진다는 점에 주목해

봅니다. 그렇지 않아도 남들 앞에서 말하는 것에 부담을 느낀다면 회의 시간에는 오죽 긴장할까요. 그래도 긴장한 모습을 그대로 드러내긴 자존심이 상하죠. 그런데 우리가 불편한 상황에서 애써 태연한 척할수록 호흡이 불편해지고 목소리가 잔뜩 눌린 것처럼 어색해지기 일쑤입니다.

만약 B가 자신의 발성법을 바꿔보려 마음먹었다면, 가장 먼저 해야할 일은 무엇보다도 자신이 말을 할 때 어떤지 주의 깊게 듣는 것입니다. 자신의 발성이 어떠한지 스스로 진단할 수 있어야 합니다. B가 자신의 발성을 유심히 듣고 일단은 주변의 평가처럼 본인 또한 '주 기자'처럼 말한다는 것을 인정했으며, 이 발성이 자신의 직위와 앞으로 쌓아갈 이미지, 구체적으로는 자신의 공적 말하기 방식에서 여러모로 부정적인 영향을 끼치리라 판단했다고 가정해볼게요.

제가 B에게 알려줄 수 있는 해결책은 바로 '제대로 발성하기'입니다. 기본적인 방법만 익혀도 지금보다 훨씬 나아질 수 있는 게 발성이니까요.

첫째. 온몸에 최대한 힘을 뺍니다. 기지개를 켜듯 편하게 스트레칭을 하는 것도 도움이 됩니다. 어깨가 올라가 있거나 굳어 있다면 가볍게 툭툭 털어줍니다. 몸에 힘을 주고 싶다면 어깨 대신 엉덩이와 꼬리뼈 쪽에 힘을 줍니다.

둘째. 혀의 긴장을 풉니다. 평소에 하듯 '아' 소리를 냈을 때 혀가 뭉

툭한 상태로 입 안 한가운데에 떠 있다면, 혀에 힘을 빼고 평평하게 만듭니다. 아래턱을 밑으로 내리면서 입술과 혀에 힘을 주지 말고 자연스럽게 '아' 소리를 냅니다. 이때, 혀는 말랑말랑하게 움직일 수 있을 정도로 힘이 들어가지 않은 상태여야 해요.

셋째. 입술과 턱에도 힘을 빼고 편안한 상태를 유지합니다. 입술은 옆으로 길어지는 게 아니라, 위아래로 더 벌어지게 합니다. 하품할 때의 느낌과 비슷하다면 제대로 한 것입니다. 이 상태에서 발음하는 것이 바로 목을 열고 소리를 내는 것입니다.

소리를 낼 때 이렇게만 할 수 있어도 듣는 사람들이 한결 편안한 발성을 낼 수 있습니다. 글로만 읽으면 '이게 뭐야?' 할 수도 있지만, 직접 따라하다 보면 의외로 쉽게 익힐 수 있으니 꼭 실천해보시기 바랄게요.

두 번째 공식 P, 시선을 사로잡는 자세

C는 아무리 생각해도 그날 본인이 무엇을 잘못했는지 모르겠습니다. 최악의 실적을 발표해야 했던 회의 자리에서, 앞으로도 시장 상황은 만만치 않겠지만 긍정적인 시그널을 충분히 어필하며 차분하게 발표를 이어가고 있었습니다.

그런데, 어느 임원의 말 한마디에 회의실이 얼어붙었습니다. 모두가 숨을 죽였고, C의 얼굴은 뜨겁게 달아오르더니 곧 터질 듯 일그러졌습니다. 그때 C가 들은 말은 이랬습니다.

"C씨, 지금 이 상황에서 그렇게 웃음이 나와요?!"

이러지도 저러지도 못하는 어색한 표정을 애써 감춘 채, 어떻게 발표를 마무리했는지 모르겠습니다. 회의가 끝난 뒤 동료들이 다가와 위로의 말을 건넸지만, 귀에 제대로 들어오지 않습니다.

"너무 신경 쓰지 말고 잊어버리세요. 아까 C씨가 웃은 게 결코 웃은 건 아니란 걸 우린 알잖아요. 윗사람들 까칠한 게 어디 하루 이틀인가요?"

상식이 있는 사람이라면 최악의 실적을 발표하면서 웃진 않겠죠. 그런데 동료들의 위로를 자세히 보면 C가 '웃은 건 아니지만 웃는 표정을 지은' 건 사실이었다는 점을 알 수 있습니다.

혹시 C와 비슷한 경험을 자주 하는 사람이 있다면 내 얼굴, 내 표정인데도 내 마음대로 조절하기 힘드니 무척이나 억울할 것 같습니다.

문제는 긴장감을 감추거나 기본적인 매너를 지키기 위해 '스마일 페이스'를 자유자재로 유지할 수 있는 사람과 그렇지 않은 사람, 다시 말해 사회적 가면의 종류와 정도를 정확히 구별하고 자신의 의지대로 쓰는 사람과 그렇지 않은 사람의 공적인 말하기 능력은 하늘과 땅만큼 차이가 난다는 사실입니다. 만약 후자에 해당한다면 상대방이 충분히 오해할 수 있습니다. 마치 C의 웃는 낯을 본 임원이 그의 진심을 몰라주었듯 말이지요.

공적인 말하기 상황에서 내가 짓는 표정, 눈빛, 작은 제스처 등은 비非언어입니다. 분명 언어는 아니지만 언어에 버금가는, 아니, 그 이상으로 특정한 의미를 담는 것들이지요. 말하기의 TPC 가운데 P는 바로 비언어와 관련됩니다.

옷을 부각시키는 모델의 포즈와 모델 개인을 돋보이게 하는 포즈가 따로 있듯, 공적인 말하기에서 우리가 취하는 눈빛과 표정과 자세는 상대방에게 적절한 감정을 심어줄 수 있어야 합니다. 특히 내가 의도하지 않은 표정, 무심코 나오는 습관적인 표정을 상황과 장소와 상대방에 따라 구분할 수 있어야 합니다.

그럼, 어떻게 해야 할까요? 우선 인간의 표정은, 말할 내용과 상황에 완전히 집중해야 스스로 어느 정도 조절할 수 있다는 사실을 기억해야 합니다. C의 문제는 최악의 실적을 발표하면서도 평상시 표정을 그대로 드러냈다는 것이었습니다. 기본적으로 웃는 인상을 가진 것은 무척 좋은 일이지만, 만약 C가 발표할 내용에 좀 더 집중했다면 평상시 표정은 자연스레 걷히고 진지한 표정을 지을 수 있었을 거예요. 아마 C는 발표 내용보다는 발표에 대한 중압감에 더 사로잡혀 있었을지 모르겠습니다. 그러니 발표가 중반 이상을 넘어가면서 자신도 모르게 긴장이 풀렸고, 어려운 상황을 어느 정도 벗어났다는 안도감에 평상시 표정이 나온 것일 수도 있습니다.

연기자 이상으로 표정 짓기를 훈련하는 사람이 아니라면, 내 표정에 나의 생각과 의도를 제대로 드러내는 일이 생각보다 쉽지 않습니다. 얼굴 근육을 의지대로 움직이는 게 보통 일이 아니거든요.

그래서 우리는 좀 더 근본적인 방법을 찾아야 합니다. 바로, 너무나 정직해서 숨길 수가 없는 표정을 이용하는 겁니다. 우리가 말하는 상황과 내용에 오롯이 집중해서, 뭔가에 몰입해 있을 때 자연스레 드러나는 진짜 표정을 지으면 됩니다.

그렇다면 C가 할 일은 뭘까요? 첫째, 어색함과 긴장을 감추기 위해 일부러 가면을 쓰고 있었다는 사실을 정확히 인정해야 합니다. 웃지 않았지만 웃는 표정을 보인 것을 확인하고, 개선해야 할 과제라고 받아들여야 해요. 둘째, 본인이 발표에 집중하지 못한 이유를 들여다보아야 합니다. 발표에 집중하지 못하고 긴장한 이유를 찾아 그것을 제거하고, 본인이 발표 내용을 명확하게 숙지할 수 있는 사람임을 믿어야 합니다. 셋째, 발표하는 순간에 온전히 몰입해 있는 본인을 믿고 스스로에게 자신감을 가지려면, 그만큼 평상시에 자기 자신을 세심하게 다듬어야 합니다. 단적인 예를 들면, 얼굴 근육을 강화하고 나아가 자연스러운 표정을 지을 수 있도록 연습을 해야 합니다. 나는 원래 웃상인데, 나는 원래 울상인데, 나는 원래 화난 표정인데…… 같은 생각은, 이제 머릿속에서 싹 지워버리고요.

세 번째 공식 C, 내용을 사로잡는 최선의 선택

D는 회사에서 달변가로 유명합니다. 업무 성과도 좋고 말도 잘하는 사람으로 통하죠. 스스로 생각해도 자신은 말을 참 잘하는 것 같습니다. 회의 시간엔 너무 티를 내지 않으려 하지만, 자신도 모르게 할 말이 끝없이 쏟아집니다. D는 이것을 심각한 문제라 여기지 않습니다. 다른 사람들이 말을 하지 않으니 자신이 상대적으로 말을 많이 하는 것이라고 생각하지요.

그런데 최근 D는 무척이나 자존심 상하는 피드백을 들었습니다.

"아, 됐고! 그래서 결론이 대체 뭔데?"

자신과 달리 늘 어눌하고 서툴게 말해 눌변가로 통하는 E 앞에서 이런 지적을 듣다니요. E는 말하는 속도도 느리고 말수도 무척 적습니다. E의 말투 때문에 회의 시간에 답답해하는 동료들도 있습니다. 그런데 E 앞에서 지적을 받으니 내심 황당하고 속도 상합니다.

그런데 D가 모르는 사실이 있습니다. 말이 느리고 어눌할지언정, 적어도 공적인 상황에서는 E의 말하기가 D의 말하기보다 더 나을 수 있다는 점입니다. E는 회의에 참석하거나 보고를 할 때, 자신이 할 말을 한 장짜리 문서로 작성해둡니다. 간결한 구조로 말의 뼈대를 만들고 적당히 살을 붙여, 비록 속도는 느리지만 정성스럽게 발표를 이어갑니다.

"됐고, 그래서 결론이 뭐예요?" 이런 피드백을 한번쯤은 들어보지 않으셨나요? 충분히 설명하려 했을 뿐인데 이렇게 무안하게 말을 자르면, 혹시 저 사람이 나를 싫어하는 건 아닐까 싶은 생각이 들기도 합니다.

하지만 우리는 어느 정도 느낄 수 있습니다. 잘 정리된 한 장의 보고서가 중요하듯, 명확하게 이해할 수 있는 간결한 보고가 공적인 말하기에서는 가장 좋다는 것을요.

아마 E는, 자신이 말을 잘 못한다는 사실을 인정하고 자신의 방식에 맞는 말하기 연습을 적절히 한 것 같습니다. 느릿느릿한 말투를 보완하기 위해 핵심을 최대한 간결하게 전달하려고 노력했을 것입니다. 공적인 말하기의 세 번째 요소인 최적의 선택에 집중했기에, 비록 눌변가일지언정 핵심과 메시지 등을 적절하고 분명하게 전달할 수 있었을 것입니다.

자신감은 말을 잘하는 데 매우 중요한 요소입니다. 그런데 D처럼 자신감이 넘치는 사람은 '내가 돋보이는 말하기'에 치중할 때가 있습니다. 혹시 D와 비슷한 피드백을 자주 받는다면, 솔직히 내용보다 자신의 유려한 말솜씨를 드러내고 싶었던 건 아닌지 스스로에게 물어볼 필요가 있습니다. 좋은 글을 쓰기 위해 거듭 퇴고를 해야 하듯, 말을 정말 잘하기 위해서는 자기 말에서 덜어내고 비워낼 부분은 없는지 늘 살펴야 합니다. 특히 공적인 말하기 상황이라면 150퍼센트를 준비하고, 80퍼센트만큼만 말을 해서 상대방을 100퍼센트 이해시키는 것이 가장 좋은 방식입니다.

　나의 입 밖으로 나가는 모든 말은 오랜 시간에 걸쳐 내 안에 뿌리내린 생각과 가치관이 피워낸 한 송이 꽃과 같습니다. 풍성한 꽃다발을 보여야 할 때도 있지만, 공적인 말하기에서는 곱고 탐스럽게 피워낸 몇 송이로 상대방의 마음을 움직이는 효율적인 말하기가 필요합니다.

말하기의 2대 기본기

말을 잘하는 사람이란 어떤 사람일까요? 1장에서 설명한 내용을 바탕으로 정리해보면, 무엇보다 자신이 말하는 방식을 정확하게 파악하고 있는 사람일 것입니다. 자기 말을 듣는 상대방을 잘 살펴 주파수도 제대로 맞출 줄 알아야 하고요. 말하는 상황과 장소에 따라 적절한 TPC도 갖출 수 있어야 말을 잘한다는 평가를 받을 수 있습니다. 주변에 이런 사람이 있으면 대체로 호감을 느끼기 쉽지요. '저 사람 말을 참 잘한다', '사람이 똑똑해 보여'라고 생각할 수도 있고요.

　저는 아나운서로서 이런 질문을 받으면 '말하기의 기본기를 잘 갖춘 사람'이라고 답합니다. 기본기란 말 그대로 '가장 기초가 되는 기술'입니다. 우리가 마주하는 말하기 상황은 누구를 대상으로 어떤 내용을 말하는지에 따라 유의할 사항이 다르겠지만, 기본기를 탄탄하게 갖춘 사람이라면 어떤 상황에서도 엄청난 실수를 하지는 않을 것이라는 점은 분명합니다.

그럼, 말하기의 기본기란 구체적으로 무엇일까요? 저는 크게 아래의 두 가지로 구분합니다.

- 내용의 기본: 명확성, 정확성, 구체성 등
- 형식의 기본: 집중력, 전달력, 민감성 등

공적인 말은 무엇보다 명확하고 정확해야 합니다. 어떤 목적으로 이 말을 하는지, 듣는 사람이 명확하게 파악할 수 있어야 합니다. 그러자면 사실을 바탕으로 정확하게 내용을 구성하고, 구체적으로 보완할 수 있어야 합니다.

형식적으로는 말을 하는 사람과 듣는 사람 모두 그 말에 집중할 수 있어야 합니다. 말하는 공간이나 환경도 적절해야 하고요. 또한 말하는 사람의 전달력이 좋아야 합니다. 너무 작은 목소리, 부정확한 발음, 특이한 억양, 지루한 전개는 전달력을 떨어뜨립니다. 어휘나 표현 등을 세심하게 살피는 언어적 감수성도 필요하지요. 이런 요소를 내용적 측면이 아닌 형식적 측면으로 구분한 건, 말하는 사람이 언어에 대한 민감성을 가지고 반드시 사전에 점검할 요소로 받아들이기를 바라기 때문입니다. 적절한 공간에서 상대방을 이해하고 목소리의 크기와 발음 등을 점검해 전달력을 높이듯, 언어에 대한 감수성과 민감도 역시 늘 기본적으로 살펴야 합니다.

이제 말하기의 기본기를 갖추기 위한 기초 체력부터 키워봅시다. 먼저. 형식적 측면의 기본기 중 전달력을 키우는 방법을 알아볼게요.

탄탄한 발성과
정확한 발음으로
말할 내용을 명확하게 전달하는 사람

저는 아나운서가 이 일을 하는 사람이라고 정의합니다. 뉴스 프로 그램에서는 내용을 구성하는 쪽보다 '전달'하는 과정에서 활약합니다. 교양 프로그램에서는 출연자에게서 의미 있는 메시지를 이끌어내어 시청자와 청취자들이 마음을 열고 받아들일 수 있도록 고군분투하고요. 어찌 보면 '훈련을 통해 공적 말하기 전문가가 된 사람'이라 할 수도 있겠네요.

아나운서는 방송의 각 분야별 전문가들이 고생 끝에 만들어낸 결과 물을 자신의 말과 행동으로 세상에 선보입니다. 그렇기에 관련 사항을 세심하게 살피고 꾸준히 감각을 벼리며, 이 과정에서 전달력이 뛰어난 말하기, 듣는 이와 교감하는 말하기, 다양한 상황에서 문제를 해결하는 고도의 전문성을 갖춰갑니다. 물론 이러한 역량이 곧바로 드러나거나 쉽게 정량화되지는 않지요.

저는 아나운서가 모든 말하기 상황에서 최고의 전문가는 아니지만 공적인 말하기 영역에서만큼은 최고의 전문가여야 한다고 생각합니다. 저 역시 아나운서로 25년을 살아오면서, 감히 '최고'라 칭하기는 쑥스러워도 적어도 공적인 영역에서 어떻게 말하는 것이 좋을지, 누구보다 다양한 경험을 통해 체득했다고 생각합니다. 마치 외국어를 공부하듯 우리말을 다시 점검하고 연구하는 데도 집중해왔고요.

이러한 입장에서 제가 생각하기에 공적인 말하기의 형식적 기본기 중 비교적 쉽게 갖출 수 있는 것은 '전달력'입니다. 집중력과 민감성은 정형화된 훈련만으로는 키우기 쉽지 않은 것이 사실입니다.

우리가 의사소통을 할 때는 말의 내용 외에 목소리, 눈빛, 몸짓 등도 모두 중요한 영향을 미칩니다. 좀 더 체계적으로 구분하면 다음과 같습니다.

- 음성적 비언어 요소: 발성, 호흡, 발음, 말하는 속도 등
- 비음성적 비언어 요소: 자세, 눈빛, 몸짓, 공간 등

이 중에서도 '음성적 비언어'는 전달력에 절대적인 차이를 만들어 냅니다. 이게 무슨 의미인지 지금부터 설명할게요.

발성으로 나만의 기준음 찾기

성악가와 가수는 몸을 섬세한 악기처럼 활용하면서 다양한 소리를 아름답게 냅니다. 신체 기관은 우리와 똑같지만, 몸을 다루고 활용하는 방법을 치열하게 훈련하죠. 그렇다면 우리도 이들의 훈련 방법을 따라 해, 공적인 말하기에서 음성적 비언어 요소를 좀 더 제대로 활용할 수 있지 않을까요?

먼저, 우리 몸에서 발성이 이뤄지는 과정을 조금 자세히 알아둔다면, 보다 수월하게 몸을 활용할 수 있을 것 같습니다.

우리가 목소리를 내는 과정을 아주 간략히 설명해보면 다음과 같습니다.

- 숨을 들이마시면 공기가 폐로 들어갔다가 나오면서 공기의 흐름이 만들어진다.
- 공기의 흐름이 후두 가운데에 있는 성대를 진동시킨다.
- 성대가 진동하면서 양쪽으로 빠르게 열리고 닫히기를 반복한다. 이때 폐에서 나오는 공기의 흐름이 규칙적으로 차단되어 미세한 소리가 만들어진다.
- 이 소리가 후두 부근에서 입술을 거치면서 우리 얼굴의 빈 공간을 통해 울린다. 이를 '공명'이라 하는데, 이 과정에서 소리가 음

향 에너지로 바뀐다.

- 입술과 혀가 공명을 변화시켜 서로 다른 소리를 낸다.
- 소리가 입 밖으로 빠져나가 공기 중에 퍼진다.

굉장히 복잡해 보이지만 최대한 이해하기 쉽게 설명했습니다. 말을 할 때마다 우리 몸 안에서 이런 복잡한 과정이 이뤄진다니, 소리를 낸다는 것이 알면 알수록 신비롭다는 생각이 듭니다.

이 각각의 과정에서 주목할 것이 있습니다. 첫째, 우리 목소리의 주원료는 호흡을 통해 들이마시는 공기라는 사실입니다. 즉, 목소리를 제대로 내기 위해서는 호흡을 제대로 해야 한다는 것을 알 수 있어요. 둘째, 성대에서 발생한 진동이 소리로 제대로 만들어지려면 '공명 기관'을 잘 활용해야 한다는 점입니다. 결국 호흡을 제대로 하고 공명 기관을 잘 활용하면 누구나 좋은 목소리를 낼 수 있습니다.

이번에는 목소리 톤에 좀 더 집중해보겠습니다. 앞에서 말씀드린 공적인 말하기에서의 TPC를 기억하지요? 공적인 말하기에서는 톤이 무척 중요하다는 사실을 다시 한번 기억해주시기 바랍니다. 그러기 위해서는 자신의 톤을 살피고 스스로 조절할 수 있어야 합니다. 내가 말을 하기에도, 남이 나의 말을 듣기에도 편안한 톤을 찾아야 합니다.

오케스트라 연주 시작 전, 연주자들이 일정한 음을 기준으로 자신들의 악기 소리를 맞추지요. 이때 맞추는 음은 라$_A$입니다. 사람이 들기에 가장 명확한 음이라는데 우리 목소리에도 각자의 기준음이 될 적정 음이 있습니다. 그걸 찾아야 해요. 그 음이 '라'일지, '레'일지는 각자 다르겠지만, 나의 안정적인 음역대를 공적인 말하기에 적용할 수 있어야 합니다.

공적인 말하기에서는 아무래도 신뢰감이 느껴지고 전달력이 뛰어난 톤을 선호합니다. 말할 때 부드럽고 안정적으로 느껴지되, 무엇보다도 또렷하게 들리는 소리를 낼 수 있다면 가장 좋겠지요. 그러기 위해서는 호흡과 공명에 특히 신경 써야 합니다. 구체적인 방법을 설명하면 다음과 같습니다.

1. 몸에서 힘을 빼고 목과 어깨, 턱을 모두 편안한 상태로 만듭니다.
2. 그 상태에서 자신이 낼 수 있는 가장 나른한 목소리를 내봅니다. 아침에 기지개를 켜며 하품할 때 자연스럽게 나오는 '아' 소리가 대표적입니다. 이 단계가 목구멍을 편하게 여는 단계라 할 수 있습니다.
3. 상체를 반듯하게 한 상태에서 마치 향기를 맡듯 코로 깊이 숨을 들이마십니다. 이때 '흠' 하고 소리를 낼 정도로 크게 들이마시지 않도록 주의합니다. 어깨가 위로 들리지 않아야 해요.
   숨을 잠시 머금었다가 입으로 '후' 소리를 내며 뱉습니다. 이때도 어깨를 들썩이지 않습니다.
4. 3번 단계를 몇 번 반복하면서, 편안히 숨을 들이마시고 내뱉는

과정을 느껴봅니다.

5. 세 번째 단계의 호흡에, 이제 말소리를 얹어봅니다. 3번 단계를 반복하다가 공기를 '후' 하고 내뱉는 순간 잠깐 멈추어, 본인의 이름을 말해봅니다. "안녕하십니까. 정연주입니다."

6. 눈 주변 근육을 활용해 소리를 낸다는 느낌으로, 정확하게는 눈을 감싼 얼굴뼈로 소리를 낸다는 느낌으로 5번을 반복합니다. "안녕하십니까, 정연주입니다."

7. 여섯 번째 단계를 반복하며 목소리에서 또렷함의 차이가 느껴지는지 확인합니다.

1번과 2번은 가장 편안한 상태에서 자신이 어떻게 발성하는지 경험하는 과정입니다. 흔히 긴장되거나 불편한 상황에서 말할 때, 자신도 모르게 온몸에 힘이 들어가기 쉽습니다. 특히 어깨와 가슴께를 잔뜩 움츠리거나 목에 힘을 주기 마련인데요. 이를 막기 위해 최대한 편안한 상태에서 소리를 내어보고, 이때의 감각을 몸에 익히는 것이 매우 중요합니다. 본인이 편안한 상태일 때 어떻게 소리를 내는지 잘 기억하고 그 방식을 몸에 익혀, 언제든 활용할 수 있어야 합니다. 이 과정을 기초 동작이라 생각해주세요.

3번과 4번에서는 호흡 과정을 소개합니다. 사실, 일반적인 말하기 과정에서 복식 호흡을 할 일은 거의 없습니다. 그러니 '발성을 잘하려면 복식 호흡을 해야 해'란 생각에서 벗어나도 됩니다. 다만, 목소리의 재료가 되는 공기를 거의 활용하지 못하는 호흡법은 피해야겠죠. 그러기 위해서는 자신이 호흡하는 모습, 숨을 들이쉴 때와 내뱉을 때의 습관 등을 차분하게 살피는 과정이 필요합니다. 우선 들숨에서 중요한 건, 코끝으로 숨을 들이마시며 그 공기를 적어도 가슴까지는 꽉 채운다고 생각해야 한다는 점입니다.

6번은 공적인 말하기에서 필요한, 또렷한 소리를 내는 단계입니다. 우리 얼굴의 빈 공간을 잘 활용하는 것이 정말 중요한데요. 성악가들이 노래를 할 때 마치 눈으로 노래를 하듯 눈을 크게 뜨고 힘을 주며 표정을 짓는 경우가 많지요. 성악가들은 '마스께라Maschera로 노래하라'라는 훈련을 받는데, 마스께라는 우리말로 가면이란 뜻입니다. 얼굴 앞쪽의 빈 공간을 잘 이용해 소리의 울림을 제대로 활용하는 훈련이지요.

우리도 이 방법을 활용할 수 있습니다. 말하기를 연습할 때 거울로 자신의 얼굴, 특히 눈 주변 근육이 최대한 탄탄한 상태가 되도록 신경 쓰는 것입니다.

여기까지 우리는 공적인 말하기에서 쓸 목소리 톤을 찾았습니다. 평상시 내던 소리와 달리 목소리에서 윤기가 느껴진다거나, 소리가 좀 더 풍부해진 듯하다면 일단 성공한 겁니다.

나만의 음을 만들어가는 첫 단계는 예민한 귀를 갖는 것, 다시 말해, 소리에 민감해지는 것이라는 사실을 기억해주세요. 소리의 미세한 변화를 놓치지 말아야 합니다. 이제부터 우리는 각자의 몸을 섬세하게 연주하는 연주자입니다. 관악기의 관 속으로 숨을 불어넣듯, 현악기의 줄에 섬세한 진동을 주듯, 우리의 몸통 전체를 하나의 악기라 생각하고 이 악기에서 소리를 만들어내는 과정을 목소리를 내는 것이라고 상상하고, 그 과정을 섬세하게 음미해보세요.

여기서 잠깐, 앞에서 소개한 7단계를 수없이 연습해도 소리가 안정적이지 않고 들쭉날쭉한 느낌이 들 수 있어요. 이건 아직 자신만의 기준음을 찾지 못해서예요. 이때는 같은 문장을 여러 톤으로 소리 내 읽어보면서, 자신에게 맞는 톤을 찾으면 됩니다.

참고로 저는 뉴스를 진행할 때 쓸 저만의 적절한 톤을 찾기 위해 "두 시 뉴스, 정연줍니다"를 적어도 수천 번은 말했던 것 같습니다. 어떠한 긴장감 속에서도 또렷한 목소리로 신뢰감을 느낄 수 있는 자신만의 음을, 꼭 찾으시길 바랍니다.

내용과 상대와 상황에 맞는 톤 찾기

'안정적인 톤'이라는 말을 들으면 어떤 톤이 떠오르나요? 대개는 조금 낮은 톤, 이른바 저음을 떠올리기 쉽습니다. 그래서인지 자신에게 어울리지 않는 저음을 억지로 내려 하는 사람들이 적지 않은데요. 이런 방식은 말하는 사람에게도 듣는 사람에게도 부자연스러울 뿐입니다. 그저 신뢰감을 주려는 척, 꾸미는 척하는 느끼한 소리로 들리는 경우가 많습니다.

특히, 자신의 직급이나 위치에 어울리지 않게 목소리가 왠지 약하다고 느끼는 사람들 중에는 무작정 낮은 톤의 소리를 선호하느라 발성할 때 일부러 목에 힘을 주는 경우가 많습니다. 여성 임원들 또는 고위직 중에서 목소리 톤을 한껏 낮게 잡아, 목에 과도한 힘을 주고 후두를 내리면서 발성하는 경우가 대표적입니다. 얼핏 들으면 카리스마가 느껴지는 것 같지만, 사실 오랜 시간 그렇게 발성을 하면 본인의 목 건강에 해로울 뿐 아니라 상대방에게도 왠지 모르게 부담스러운 소리로 느껴질 수 있습니다.

혹시 본인이 그런 경우라면 나에게 맞는 기준음, 내가 말하기에도 남이 듣기에도 편안한 톤을 찾아보세요. 일단은 톤을 살짝 높여 인사말을 해보세요. 당장은 낯설게 들려도 분명히 목에 힘을 덜 가는, 좀 더 편안한 느낌을 주는 톤이 있을 거예요.

나의 기준음을 찾았다면, 이제는 상황에 맞게 말할 내용에 몰입하며, 기준음을 중심으로 조금씩 변주를 합니다.

목소리의 적당한 변주는 전략적으로도 아주 중요한 요소입니다. 조금은 감성적이고 포근한 목소리를 낼 때와 또렷한 목소리를 낼 때를 호흡으로 적절히 구분해보세요. 톤을 살짝 올려야 할 때와 그렇지 않을 때도요. 대신 공적인 말하기에서 목소리를 변주할 땐 내 목소리의 기준음에서 크게 벗어나지 않아야 합니다. 너무 꾸민 듯한 톤도 어색할 수 있으니 피하는 것이 좋습니다.

공적인 말하기 상황은 내용과 목적, 인원수, 공간 등에 따라 다양하게 구분됩니다. 이때 갖춰야 할 목소리 톤은 아래의 기준으로 구분하면 좋습니다.

1. 내용의 감정적 맥락 이해하기
객관적인 사실 확인인지, 공감하고 이해할 내용인지 등 감정의 유무와 정도에 따라 달라질 수 있다.

2. 상대방을 구체적으로 이해하기
몇 명이 참석하는지, 참가자들의 지위나 성향이 어떤지, 보고인지 회의인지 발표인지 등에 따라 달라질 수 있다.

3. 공간 이해하기
온라인인지 오프라인인지, 마이크를 쓸 수 있는지 등에 따라 달라질 수 있다.

첫째, 내용의 감정적 맥락을 이해해 밝은 느낌으로 발성할지 좀 더 진지한 느낌으로 발성할지 판단합니다. 이때도 자신이 낼 수 있는 가장 안정적인 톤을 기준으로, 적절한 선에서 변주합니다.

둘째, 상대방과 주파수를 맞춰 그 사람에게 적절한 톤과 성량을 찾습니다. 개별적인 자리에서는 또렷한 발성으로 말하되, 상대방의 감정과 분위기에 걸맞은 자연스러운 톤으로 세심하게 조율합니다.

여러 사람 앞에서 발표나 보고를 할 땐 자신의 톤보다 살짝 높게 말을 시작해야 주목도를 높일 수 있습니다. 기준음을 낼 때보다는 눈 주변 근육보다 눈썹이 있는 근육 정도에 집중하며 말하는 것이 좋습니다.

셋째, 공간을 잘 알아야 합니다. 특히, 온라인으로 진행될 경우 발성에 더욱 신경 써야 합니다. 기기를 통해 전달하는 불편함을 어느 정도 감안해 더욱 또렷한 발성과 적절히 톤으로 말하는 것이 좋습니다.

오프라인이라면, 나의 말소리가 공간을 충분히 장악할 수 있도록 성량에 주의합니다. 마이크를 이용할 때는 자신의 소리가 마이크에 잘 담길 수 있도록, 과녁을 향해 정확하게 화살을 쏜다는 마음으로 소리를 모아 발성해야 합니다. 마이크를 쥔 손과 몸의 긴장을 풀고, 코 끝에서 느껴지는 부드러운 울림을 활용해 마이크에 목소리를 잘 모아 봅니다.

음향기기를 활용할 때는 사전 점검이 필수입니다. 나의 말소리가 얼마나 증폭되는지, 고음과 저음의 밸런스는 어느 정도인지 확인하고 스피커 상태와 방향도 세심하게 살펴보세요. 시작 전에 모든 것을 완벽히 확인하길 권합니다. 온라인 오프라인 할 것 없이 공적인 말하기에서 마이크를 제대로 활용하지 못해 생기는 크고 작은 문제가 많은데, 그것만큼 안타까운 일도 없습니다. 예를 들어, 목소리 톤이 비교적 높은 사람은 음향 시스템을 통해 저음을 살짝 보강하는 것만으로도 훨씬 듣기 좋은 소리를 낼 수 있습니다. 그런데 발표할 내용과 대본은 열심히 준비해놓고 마지막에 음향 체크를 소홀히 해서 발표를 망친다면, 열심히 준비한 노력은 헛수고가 되고 자신의 이미지에도 큰 타격이 생길 수 있습니다.

마이크 사용에 관한 설명까지 소개했는데, 혹시 의문이 들지는 않나요? '마이크가 있는데 왜 굳이 톤이나 성량까지 신경 써야 하지?' 하고 말이죠. 이와 관련해서 언젠가 인상 깊게 읽었던 김명민 배우의 인터뷰 내용을 소개할게요.

김명민 배우는 KBS 드라마 〈불멸의 이순신〉에서 이순신 장군 역할을 맡아 열연한 바 있습니다. 어느 날, 그가 전투를 앞둔 병사들 앞에서 의욕을 북돋우기 위한 연설 장면을 촬영하게 되었다고 해요. 당시 대본에는 수백 명 앞에서 말하는 것으로 묘사되어 있었으나 실제 촬영장에는 보조 연기자가 20여 명만 있었다고 합니다. 나머지 병사들은 모두 후반 CG 작업으로 채우는 셈이었죠.

김명민 배우는 이 장면을 촬영할 때 실제 눈앞에 보이는 20여 명의 병사가 아닌, 수백 명의 병사들을 상상하면서 목소리 톤과 성량을 한층 끌어올려 과장된 느낌으로 연기했다고 합니다. 그는 자신의 목소리에서 당시 이순신 장군의 절박한 심정이 제대로 드러날지 걱정됐다고 해요. 어차피 후반 작업을 통해 배우의 성량을 키우는 게 그리 어려운 일이 아닐 텐데, 김명민 배우는 왜 걱정을 했을까요? 그에 따르면, 성량 자체는 음향 시스템으로 충분히 끌어올릴 수 있지만 절체절명의 상황에서 느낄 감정과 말소리에 담긴 에너지까지 기계로 조절하기에는 분명 한계가 있을 것이라고 생각했다고 합니다.

김명민 배우가 눈앞에 보이는 상황을 넘어, 상상 속 병사들을 향해 어떤 톤으로 이순신 장군의 감정과 에너지를 전달했을지 짐작해봅니다. 다양한 말하기 상황에서 그때그때 적합한 톤과 에너지를 활용하려는 노력이 얼마나 중요한지도요.

발음만 또렷해도 전달력이 좋아진다

이 책의 첫 장에서 소개했던, 북 콘서트에서 만난 참가자의 사례를 기억하시나요? 이분에게 감사하다는 이메일을 받고 나서, 직접 통화를 한 일이 있습니다. 이분이 제 조언을 믿고 성실하게 연습해준 것도 무척 고마웠지만, 그의 달라진 목소리를 확인하고 싶었거든요.

전화로 다시 들은 그의 목소리에서, 저는 이분이 그동안 얼마나 성실하게 연습했을지 짐작할 수 있었습니다. 첫인사에서부터 자신감이 느껴질 뿐 아니라, 전달력도 굉장히 명료해졌으니까요.

북 콘서트에서 만났을 당시만 해도, 그분은 본인의 억양도 신경 쓰인다고 했어요. 저는 고향이 어디인지 살짝 느껴질 정도의 억양은 별 문제가 되지 않는다고 말해주었지만, 워낙 말하기에 자신이 없던 시기여서인지 그분은 그렇게 생각하지 않았습니다.

그분에게 제가 했던 조언은 억양보다는 발음에 좀 더 신경을 써달라는 것이었어요. 구체적인 연습 방법도 알려주었죠. 다행히 그분은 꾸준히 발음 연습을 했고 덕분에 전달력이 훨씬 좋아진 것이었습니다. 그때 알려드린 발음 연습법을 지금부터 소개할게요.

'감기'를 소리 내어 읽는 것은 어렵지 않습니다. 그런데 이 단어를 문장 속에서 읽어보면 어떨까요?

"나, 감기 걸렸어."

아마 의식하지 않고 편하게 읽는다면 [나, 강기 걸려써] 하기 쉽습니다. '우유'는 어떨까요? 대부분 [으유] 또는 [으이으] 정도로 발음하기 쉽습니다. 입술을 한껏 앞으로 내밀고, 혀는 목구멍 가까이 가도록 움직여서 소리 내는 사람이 많지는 않을 거예요.

'아버지'도 살펴볼까요? 아, 버, 지라고 한 글자씩 떼어 읽지 말고, 편하게 발음해보세요. 아마 대부분은 [아부지], [아브지], 또는 [아]도 [어]도 아닌 어중간한 소리로 발음할 확률이 높습니다.

감기를 [감기]라고 분명하게 소리 내기 위해 윗입술과 아랫입술을 명확하게 붙였다 떼고, 우유를 [우유]라고 또렷하게 발음하기 위해 입술을 좀 더 돌출시키고, 아버지를 [아버지]라 명확하게 부를 수 있게 발음을 하려면 생각보다 신경을 많이 써야 해요. 대신 이렇게 신경 써서 발음하는 만큼 전달력은 훨씬 좋아질 수 있습니다.

그럼, 구체적으로 어떻게 하는 것이 발음에 신경을 쓰는 것일까요?

자음과 모음을 분명하게 소리 내는 법

우리말은 크게 19개 자음과 21개의 모음으로 구성되어 있습니다. 우리가 발음을 정확하고 또렷하게 내기 위해서는 목소리를 '말소리'로 만들어내는 우리 몸의 각 기관, 즉, 입술과 턱과 치아, 그리고 입천장과 혀를 정확히 활용할 수 있어야 합니다.

감기를 정확하게 발음하려면 모음 ㅏ와 ㅣ, 자음 ㄱ과 ㅁ을 제대로 소리 내야 합니다. 받침인 ㅁ은 정확하게 입술을 붙여 소리 내야 합니다. 그런데 입술을 야무지게 다물지 않은 채 소리를 내니 [감기]가 아닌 [강기]라고 발음하기 쉽습니다.

우유는 어떨까요? 모음 ㅜ와 ㅠ로 이루어졌으니 입술을 앞으로 쭉 빼서 소리를 내야 합니다. 아버지 역시 모음 ㅏ, ㅓ, ㅣ를 명확하게 발음해야 합니다. 그러려면 혀가 어떻게 움직여야 할까요? 입 안에서 위치가 제일 낮은 아랫니 쪽에서 출발해 정중앙, 입천장 순으로 올라가야 합니다. 입술 모양 역시, 처음에는 아래턱을 벌려 위아래로 크게 벌어졌다가, 작게 살짝 앞으로 나갔다가 다시 양옆으로 길어집니다. (이 대목은 반드시 직접 발음을 하면서 차근차근 읽어주세요.) 이렇게, 아버지라는 단어 하나를 제대로 발음하려면 턱과 입술을 순식간에 부지런히 움직여야 합니다.

어떠세요? 평상시에도 이렇게 입 모양을 정확하게 만들면서 발음하고 있나요? 사실 방송인이 아닌 이상 이렇게까지 할 필요성을 거의 못 느낄지도 모르겠습니다. 대충 발음해도 누구나 알아듣고 맥락상으로도 충분히 이해할 수 있으니, 굳이 입술 주변 근육까지 부지런하게 활용하는 불편함을 감수할 이유가 별로 없거든요. 그러다 보니, 많은 사람들이 감기를 [강기]로, 우유를 [으이으]로, 아버지를 [어부지] 등으로 대충 편하게 발음하는 경향이 있습니다.

아마 대다수 사람들은 우리말 발음을 명확하게 배운 적이 없고, 일상에서도 발음의 정확함을 그리 신경 쓸 일이 많지 않아서 이런 경우가 많을 거라고 생각합니다. 그런데 시간이 좀 걸리더라도 기본기를 탄탄히 쌓은 운동선수가 더 정확하고 난이도 높은 동작을 해낼 수 있듯, 발음도 마찬가지가 아닐까요? 각 소릿값을 어떻게 내는지 정확하게 익혀 자신의 신체에 맞게 발음하는 사람과 입에서 나오는 대로 편하게 발음하는 사람이 있다면, 적어도 공적인 말하기 상황에서만큼은 말의 전달력, 명확성 등에서 차이가 날 수밖에 없습니다.

"안녕하십니까, 보건복지부 팀장 홍길동입니다."

자신을 [보:건복찌부 홍길똥]이라 명확히 소개하는 팀장의 브리핑과 [버건벅찌브 헝길떵] 팀장이 전달하는 브리핑은, 듣는 사람들에게 다른 느낌으로 다가가지 않을까요? 당연히 전자가 후자보다 주목을 더 받을 것 같습니다.

또한, 과학기술정보통신부에 근무하는 장용실이라는 사람이 "반갑습니다. 과기정통부 소속 장용실입니다"라는 인사를 건네며 자신의 소속을 [가기정텅부]라 할지 [과기정통부]라 할지, 자기 이름을 [장용실]이라고 제대로 발음할지 [장영실]이라고 발음할지에 따라, 상대방이 보내는 신뢰감이 달라질지도 모를 일입니다.

10초 만에 발음이 정확해지는 체조가 있다?

공적인 말하기 상황에서 전달력이 뛰어나고, 주목을 받고, 신뢰감이 느껴지도록 말하기 위해서라도 정확한 발음으로 말하는 것은 매우 중요합니다. 그럼, 이제 본격적으로 발음 연습을 해볼게요. 입 모양을 살필 수 있게 거울을 가지고 하면 더욱 효과적입니다.

발음을 또렷하게 내기 위해서는, 홀소리인 모음을 명확하게 소리 내야 합니다. 모음은 혀의 전후 위치와 높낮이 위치, 입술의 돌출 정도 등에 따라 각각의 소리를 냅니다.

먼저, 혀의 전후 위치에 따라 소리가 달라지는 모음 ㅣ 와 ㅡ를 발음해볼게요. [이]를 발음할 땐 혀끝이 치아 가까이에 위치합니다. [으]를 발음할 땐 혀가 목구멍 쪽으로 바짝 당겨져야 하는 걸 느낄 수 있습니다. '이'와 '으'를 반복해서 발음해보면 거울에 비친 혀가 앞뒤로 위치를 바꾸는 것을 알 수 있습니다.

움직임이 크지 않아 잘 느끼지 못하겠다면, 음성학자들이 추천하는 방법으로 확인해보는 것도 좋습니다. 손가락 두 마디 정도 길이의 얇은 종이를 혀 가운데에 살짝 붙이고 [이]와 [으]를 차례로 발음해보세요. 그럼, 종이 끝이 혀의 움직임에 따라 앞뒤로 움직이는 것을 확실히 볼 수 있습니다.

이번에는, 혀의 높이에 따라 소리가 달라지는 모음 ㅣ와 ㅏ를 구별해보겠습니다. [이]와 [아]를 차례로 발음해보면, 턱이 위아래로 크게 움직입니다. [이] 소리를 낼 때보다 [아] 소리를 낼 때 입을 크게 벌려야 합니다. 입을 크게 벌리고 소리를 내면 조금 벌리고 소리를 낼 때보다 혀의 위치가 낮아지는 걸 알 수 있어요.

끝으로 입술의 돌출 정도에 따라 소리가 달라지는 ㅡ와 ㅜ를 함께 발음해볼까요? ㅡ와 ㅜ를 연달아 발음하면 입술이 나왔다가 들어갔다가 하는 것을 쉽게 느낄 수 있습니다.

다행히 우리는 이 모든 과정을 의식하지 않고도 무척 자연스럽게 발음을 해내고 있습니다. 그래도 공적인 말하기에서 또렷하고 명확한 소리를 내기 위해, 좀 더 욕심을 내어볼까요? 먼저, 아래의 모음 사각도를 살펴볼게요.

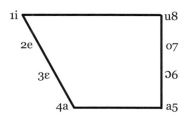

대니얼 존스의 모음 사각도 일부

모음 사각도란 영국의 음성학자인 대니얼 존스Daniel Jones가 제시한 모음 음가에 대한 기준입니다. 입 안의 모양을 사각형으로 표현하고, 소리가 지나갈 때 입술 모양과 혀의 위치가 어디에 있을 때 기본 모음의 소리가 달라지는지 표시한 것이죠.

대니얼 존스는 18개의 기본 모음에 각각 번호를 붙입니다. 우리말 모음 '이'와 비슷한 i의 위치가 1번이지요. 대니얼에 따르면 1번은 '입꼬리를 옆으로 최대한 벌리고, 혀는 가능한 높게 자리하며, 치아와 가까운 앞쪽까지 오도록 내는 소리'라 정의했습니다. 모음 a에 해당하는 5번은 '입술을 옆으로 벌리지도 앞으로 내밀지도 않은 상태에서, 혀의 위치는 가능한 한 낮게, 목구멍 쪽까지 오도록 내는 소리'라 정의했고요. 모음 u에 해당하는 8번은 '입술을 내민 상태에서 혀를 가능한한 뒤로 올린 상태에서 내는 소리'라고 했습니다.

이 정의대로 우리말 모음을 모음 사각도에 적용해볼게요.

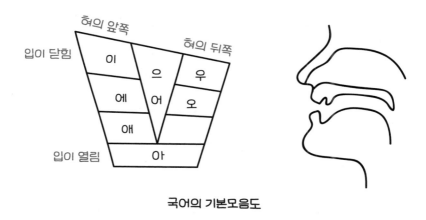

국어의 기본모음도

위의 그림에 따르면 [아]는 모음 사각도의 5번에 해당합니다. 혀의 위치가 가장 낮고 턱이 아래로 많이 벌어져야 하죠. [에]는 혀의 높이는 중간 정도이며, 앞쪽으로 좀 더 나옵니다. [이]는 입꼬리가 옆으로 벌어질 만큼 턱을 다문 상태로 혀의 위치는 윗니와 가깝게, 높이 가야 합니다. [우]는 입술을 내민 상태에서 혀는 뒤로 바짝 당겨서 내는 소리이고요.

얼핏 보면 이게 다 뭔가 싶지만, 직접 소리를 내면서 본인의 입 모양을 살펴보면 금방 익숙해진답니다. 발음 좀 명확하게 하자고 음성학자들의 연구까지 알아야 하나 싶을 수도 있어요. 물론 완벽하게 공부할 필요는 없지만, 우리가 지금까지 그저 적당히 발음해왔던 모음을 제대로 소리 내기 위해서는 입술과 혀와 턱이 얼마나 정교하고 부지런히 움직여야 하는지 알아두는 것도 중요하다고 생각합니다.

이제, 본격적으로 발음 연습을 해볼까요? 의외로 간단한데, 모음을 발음하며 입술과 혀, 턱을 움직일 때 지금까지 해왔던 것보다 좀 더 크게 움직이는 것부터 시작하면 됩니다. 21개의 모음 가운데 10개의 모음을, 입술의 돌출 정도와 혀의 앞뒤 위치, 혀의 위아래 위치, 턱을 벌리는 정도에 유의하면서 정확하고 또렷하게 발음해보는 겁니다. 10개의 모음만 연습하는 건 먼저 얼굴 근육을 자극해 굳어 있던 근육을 유연하게 풀어주는 것이 목표이기 때문이에요.

[아] [야] [어] [여] [오] [요] [우] [유] [으] [이]

10개의 모음을 각 1초씩 10초에 걸쳐 정성껏 발음해봅니다. 입 모양도 명확하게 만들면서요. 이때 우리의 입술 주변 근육을 '이두'라고 생각해볼게요. 비유하자면, 그동안 우리의 입술 주변 근육은 고작 1킬로그램짜리 덤벨을 드는 정도의 가벼운 움직임만 해왔을 가능성이 큽니다. 그것도 정확한 자극을 주는 것이 아니라, 제멋대로 들다 말다 하면서 말이죠.

이 10개의 모음을 모음 사각도를 따라 10초에 걸쳐 충실히 발음하는 일은, 마치 5킬로그램짜리 덤벨을 들고 이두근을 제대로 만들자는 생각으로 팔 근육에 정확한 자극을 주는 것과 같습니다. 그만큼 입술 주변 근육의 움직임에 신경 쓰면서 각각의 모음을 발음해야 합니다.

저는 이 발음 연습법에 '모음 체조'라는 이름을 붙였습니다. 모음을 정확하게 발음하기 위해 혀의 위치와 입술의 돌출 정도까지 신경 쓰다 보니 얼굴 근육도 매우 활발하게 움직여야 한다는 것을 느꼈고, 모음을 명확하게 발음하며 얼굴 근육에 자극을 주는 행동을 체조로 활용해볼 수 있겠다고 생각한 거죠. 그럼 이제부터 '아버지' 발음으로 모음 체조를 해볼까요?

1. 아버지의 모음인 ㅏ, ㅓ, ㅣ만 발음한다. 이때, 5킬로그램짜리 덤벨 운동을 생각하며, 입술 주변 근육을 최대한 크게 움직인다. 소리는 굳이 크게 내지 않는다.
2. [아], [어], [이]를 천천히, 정성껏 다섯 번씩 발음한다.
3. 2번에 익숙해졌다면 [아어이]를 붙여서 최소한 열 번 더 발음한다.
4. 마지막으로 [아버지]를 평상시 하던 대로 소리 내어 발음한다.

어떤가요? 3번에서 열 번을 다 채우기 전에 턱관절에서 이상한 소리가 나거나, 입술 주변 근육에서 열이 나는 것을 느꼈나요? 좀 더 적극적으로 했다면 얼굴 전체 근육이 어느 순간 얼얼한 느낌을 받을 수도 있습니다.

이 과정을 모두 거친 후 천천히 소리 내어 읽은 아버지 발음은, 아마 이제껏 우리가 소리 냈던 그 어느 [아버지] 소리보다 명확하고 또렷할 거예요.

참고로 모음 체조는 어디까지나 평상시에 꾸준히 해야 할 기초 체조입니다. 세상 모든 말하기에 적용해 과장되고 또렷하게 모음 소리를 내지는 마세요. 그러기도 어렵고, 그럴 필요도 없습니다. 실제로 말을 할 때는 모음 체조로 탄탄하면서도 유연하게 다진 얼굴 근육과 턱관절과 혀의 움직임을 믿고 편안한 마음으로 발음하면 됩니다.

스마트한 인상을 남기는 모음 체조 심화편

모음 체조의 핵심은 대표적인 모음 10개를 명확히 발음하기 위해 노력하는 것입니다. '아야어여오요우유으이'를 흘려 읽듯 발음하는 것은 절대 체조라 할 수 없어요. 각각의 모음에 1초씩 들여 입술 근육과 턱관절의 움직임, 혀의 위치를 유의하며 발음해야 합니다.

이 동작을 매일 습관적으로 하다 보면 우리의 턱관절과 얼굴 근육이 어느새 이 감각을 기억할 거예요. 그러다 어느 순간, 더 이상 턱관절이 아프거나 얼굴 근육 전체가 부자연스럽거나 얼얼한 느낌이 나지 않을 텐데요. 그렇다면 얼굴 근육이 충분히 유연해지고 탄력을 갖춘 것입니다.

여기서 좀 더 난이도를 높여볼게요. 말할 내용의 첫 문장이나 발표 내용 가운데 핵심 문장, 핵심 용어를 중심으로 모음만 따로 발음해보시킬 추천합니다. 예를 들어 다음과 같은 인사말로 시작해볼까요?

"안녕하십니까, 오늘 업무 보고를 할 아나운서 정연주입니다."
[아여아이이아, 오으 어우 오오으 아 아아우어 어여우이이아]

이렇게 모음을 중심으로 입술 모양과 혀의 위치를 정확하게 잡아보는 겁니다.

처음에는 문장에서 모음만 찾아내는 것 자체가 힘들 수도 있어요. 그래도 제멋대로 움직이는 얼굴 근육에 최대한 긴장감을 주고, 동작 하나하나를 정성 들여 발음하듯 또렷하게 읽어보세요. [아야어여오요우유으이]에 익숙해져 모음 발음이 어렵지 않던 사람도, 이렇게 모음 배열이 달라지거나 마구 섞이면 얼굴 근육 경련을 걱정해야 할 수도 있습니다. 물론 기본기가 탄탄하다면 얼마든지 쉽게 해낼 수 있는, 응용 동작 정도로 생각하면 되고요.

특히 프레젠테이션이나 발표 같은 중요한 일을 앞두고 있다면, 꼭 핵심 문장이나 핵심 용어를 중심으로 모음 체조를 열심히 해보세요. 시쳇말로 발음이 씹히거나 꼬이는 증상이 덜할 뿐 아니라, 전달력 또한 놀랍게 좋아질 거예요. 궁극적으로는 정확하고 또렷하게 발표하는 스스로에게 자신감을 느끼게 되고, 우리를 향한 상대방의 신뢰감 또한 높아질 겁니다.

정리하면, 우리가 공적인 말하기의 기본기 중 전달력을 갖추기 위해 해야 하는 것은 딱 이것뿐이랍니다.

말의 전달력을 높이는 2가지 연습
- 긴장감을 없애기 위한 10초 호흡
- 얼굴 근육을 유연하게 만드는 10초 모음 체조

공적인 말하기 상황에서 실천하는 3가지 연습
- 10초 호흡하며 온몸 스트레칭
- 안정적인 발성을 위한 흉식 · 복식 호흡
- 정확한 발음을 위한 모음 체조

얼굴 근육을 강화하면 생기는 일

발음을 정확하게 하기 위한 훈련법으로 제가 만든 모음 체조를 소개
했지만, 사실 모음 체조를 꾸준히 하면 얼굴 전체 근육을 자극해 '동
안 얼굴'을 만드는 데도 도움이 된답니다.

흔히 동안의 특징은 눈 아래에서부터 입술 옆에 해당하는 얼굴의
중간 부분을 말하는 중안면 부위에서 드러난다고 해요. 중안면 역시
지방과 근육과 뼈로 이루어져 있죠? 이 중 근육은 우리 노력으로 충
분히 키울 수 있습니다. 중안면에는 네 개의 근육이 있는데, 이를 잘

자극해 강화하면 눈밑이 꺼지거나 팔자 주름이 생기는 것을 어느 정도 막을 수 있다고 해요.

그러니 모음 체조를 마치 힙업을 위한 스쿼트 운동처럼 활용해도 좋겠어요. 구체적으로는 입술 끝에서 광대에 이르는 근육들을 자극하기에 좋은 모음이 바로 '으'와 '이'라는 사실에 유의해보세요. 우리가 어릴 때부터 사진을 찍을 때 습관적으로 '치즈'나 '김치'를 외쳤던 것도 알고 보면 [으]와 [이]를 발음할 때 사용해야 하는 근육을 자극해 웃는 표정을 짓기 위해서예요. 그 점을 이해하고 어금니를 꽉 다물지 않고 아래턱 힘을 뺀 채 [으] 또는 [은], [이] 또는 [인]과 같은 발음을 해보면 얼굴 근육에 자극이 느껴질 겁니다. 그리고 입술 양 끝에 어느 정도 힘이 들어가야 한다는 점도 알 수 있을 거예요.

거울을 보면서 그렇게 얼굴 근육을 자극한 상태일 때의 표정과 그렇지 않은, 조금은 느슨한 상태일 때의 표정을 한번 비교해보길 바랍니다. 아마 대부분 사람들의 평상시 얼굴 표정은 입술 양 끝이 아래로 처진 상태이기 쉬운데요. 이런 모습을 가리켜 우리는 '무표정하다'고 표현합니다. 다른 말로는 얼굴 근육에 어떠한 자극도 없는 상태를 말하겠지요?

얼굴 근육 역시 모든 근육과 마찬가지로 내가 어떻게 활용하느냐에 따라 달라집니다. 당연히 노화를 겪기도 하고요. 얼굴 근육이 노화한다는 건 나이가 들수록 내 표정을 나의 의지대로 지을 수 없다는 뜻, 다시 말해 자연스레 무표정해지기 쉽다는 의미이기도 해요.

내 딴에는 진지한 표정으로 말을 하고 있는데도 상대방은 내가 성의 없이 말한다고 오해하거나, 내가 진심을 다해 미안한 마음을 전하고 있는데도 사과를 받는 상대방은 나의 표정을 문제 삼아 내 사과에 진정성이 없다고 마음대로 판단할지도 모릅니다. 그러니 말을 하며 우리의 진심을 표정에 제대로 담아내거나 자신의 의도대로 표정을 지을 수 있기 위해서라도, 얼굴 근육을 강화하는 일은 꼭 필요합니다.

앞에서 만난, 표정 관리를 제대로 못하던 D를 기억하시죠? 그에게 필요한 것도 바로 모음 체조가 아닐까 생각합니다. 제대로 말하기 위한 기본 공식 TPC에서 적절한 P를 갖추기 위한 첫걸음이 모음 체조일 수 있어요. 어쩌면 D의 얼굴 근육은 미소를 지을 때 쓰는 부위만 발달했을 가능성이 큽니다. 물론 그 덕분에 좋은 인상을 가졌겠지만, 이것만으로는 부족하지요. 얼굴 근육을 골고루 자극하고 강화해 자신이 느끼는 감정을 그대로 표정에 실을 수 있는 쪽이 더욱 바람직할 테니까요. 그러니 원하는 표정을 마음대로 짓기 위해서라도 모음 체조를 꾸준히, 정성껏 해보시길 바랍니다.

당신의 목소리 톤은 어떤 색깔인가요?

"목소리가 참 좋아요!"

무척 듣기 좋은 칭찬이죠? 전 사실 제 목소리가 좋은지 어떤지 잘 모르고 살았어요. 방송사 입사 이후에도 목소리 자체에 대한 평가를 두드러지게 받았던 기억은 없었고요. 대신 '전달력이 좋다', '또렷한 느낌을 준다'와 같은 말을 칭찬으로 여기며 지냈던 것 같습니다. 그러다 2006년의 어느 날, 한 영화사로부터 제 목소리를 쓰고 싶다는 연락을 받았습니다. 지금 제작 중인 작품이 있는데 감독님이 출근길 라디오에서 제 목소리를 듣고 추천하셨다고요.

영화사에서 제안한 제 목소리 출연 장면은 다음과 같았어요.

'새해 첫날, 한강 변에서 조깅을 마친 주인공이 차에 올라탄다. 시동을 걸자 라디오 방송에서 진행자의 목소리가 흘러나온다. "희망찬 새해가 밝았습니다!" 주인공은 "희망찬 새해 좋아하네!"하고는 입 안에 약을 털어 넣고 극단적 선택을 시도한다.'

이 영화는 강동원, 이나영 배우 주연의 〈우리들의 행복한 시간〉입니다. 제 방송에 '희망찬 새해 좋아한다'고 차갑게 대꾸한 인물은 이나영 배우였고요. 이 작품을 연출한 송해성 감독님이 밝고 경쾌하고 건강한 느낌을 주는 제 목소리가 주인공의 심정과 잘 대비된다고 여기셨답니다.

무척 기뻤어요. 비록 몇 초 되지 않지만 영화에 제 목소리가 들어간다는 것도 영광이었고, 무엇보다 목소리만으로 누군가에게 밝고 경쾌하고 건강한 느낌을 전달했다는 게 저로선 정말 뿌듯했어요. 물론 지금 그 영화를 다시 보면 저게 내 목소리가 맞나 싶을 정도로 어색하기 그지없습니다. 당시에는 분명 밝고 경쾌하고 건강한 느낌이었는데, 지금은 엄청나게 높은 톤으로 앵앵거리는 것처럼 들리거든요.

목소리도 노화를 겪습니다. 당시 제 목소리와 지금의 제 목소리는 다를 수밖에 없지요. 특히 여성의 목소리는 나이가 들면서 톤이 점차 낮아지는 경우가 많아요. 게다가 영화 후시 녹음을 하던 당시에 '한없이 밝은 느낌으로 말해달라'는 요청까지 받았기 때문에 저는 평소보다 한껏 높은 톤으로 더빙을 했고요. 그러니 지금 듣는 영화 속 제 목소리는, 현재의 목소리에 익숙해진 저의 청각에는 무척 자극적으로 다가옵니다. 솔직히 저는 지금의 제 목소리 톤이 당시의 목소리 톤보다 안정적인 느낌을 주어 더 좋게 느껴져요.

시대마다 사람들이 선호하는 목소리 톤이 다르다는 것을 말해주는 연구 결과가 있습니다. 지난 50년간 아나운서들의 뉴스를 분석해서 말소리가 어떻게 변해왔는지 살핀 연구인데요. 고려대학교 대학원 이나라 박사가 집필한 〈표준어 말소리의 변화-지난 50년간의 아나운서 뉴스 발화를 중심으로〉에 따르면, 1990년대 여성 아나운서는 높은 음역대를 사용하며 여성성을 강조했던 것으로 분석되었습니다. 이후로는 남녀 아나운서의 말소리 차이가 점점 줄어드는 방향으로 변화되었고요.

이 논문을 읽으면서 남녀 앵커의 역할이 점차 동등해진 점, 목소리 톤이나 발성 유형에서 성별을 드러내는 경향이 사라지고 전달력을 가장 우선시하는 방향으로 변해왔다는 점 등을 생각해볼 수 있었습니다.

우리는 알게 모르게 발성하는 유형이나 음높이로 자신의 사회적 지위나 태도를 드러냅니다. 사석에서는 걸걸한 목소리로 대화하던 사람이 상사의 전화에 목소리 톤을 가다듬고 전화를 받고, 관심 있거나 마음에 둔 사람과 대화할 때 목소리를 꾸미는 경우를 종종 볼 수 있지요.

그런 의미에서, 우리가 평소 회사에서 말을 할 때 자신이 말소리를 내는 방식이나 목소리 톤은 어떤지 한번쯤 생각해보면 좋겠어요. 전문성이나 권위를 드러내기 위해 목소리를 과하게 짜내는 건 아닌지도요. 친근함을 드러내기 위해 나의 음역대와 맞지 않게 너무 톤을 높여 말하는 건 아닌지, 숨소리가 지나치게 섞이진 않았는지도 살펴보면 좋겠습니다.

참고로 발성의 유형은 성대 사이가 열리는 정도에 따라 짜내기creaky 발성, 보통modal 발성, 숨소리breathy 발성으로 나눌 수 있습니다. 연구자들에 따르면 남성은 주로 짜내기 발성을, 여성은 숨소리 발성을 더 많이 사용한다고 해요. 쉽게 말해 짜내기 발성은 목소리 톤을 꾹 낮춰서 소리 내는 것이라고 생각하면 됩니다. 숨소리 발성은 성대가 진동할 때 완전히 붙지 않고 진동해 기류가 새어 나오는 소리로, 우리가 옆 사람에게 조용히 귓속말을 할 때 내는 소리를 떠올리면 되고요.

앞에서 밝혔듯, 우리의 목소리 톤은 무엇보다도 자신에게 가장 편안한 톤을 기준으로 찾아야 해요. 무언가 드러내거나 감추기 위한 톤은 역효과를 가져올 수밖에 없습니다. 상황에 따라 목소리 톤을 구분하는 노력도 필요하지만, 어디까지나 내가 편안하게 낼 수 있는 톤 중심으로 적당한 범위 안에서 상황에 맞게 변주해야 한다는 점을 기억해주세요.

우리 모두는 있는 그대로 충분히 가치가 있는 존재입니다. 나의 목소리와 나만의 톤도 마찬가지라는 것을 잊지 마세요.

3장

말을 잘한다는 것은
지식이 많다는 것

말을 잘한다는 것은
지식이 많다는 것

말하기는 결국 내용으로 판가름 난다

지금까지 공적인 말하기를 잘하기 위해 갖추어야 할 기본기를 살펴보았습니다. 사적으로 나누는 수다가 아닌 공식적인 자리에서 말을 할 때는 말할 내용을 사전에 어느 정도 준비하지요. 기획안을 근거로 한 발표, 보고서를 기반으로 하는 회의 등이 대표적입니다. 브레인스토밍도 마찬가지입니다. 형식이 자유로울 뿐 주제는 정해져 있으니까요. 그래야 한정된 회의 시간 내에 마칠 수 있고 내용이 끝도 없이 산으로 가는 것을 막을 수 있습니다.

이번 장에서는 공적인 말하기에서 '내용의 기본기'를 탄탄하게 하는 법을 짚어봅니다. 말을 잘하는 사람의 진짜 실력은 결국 말의 내용에서 드러나는 법이니까요.

말하는 내용이 탄탄하기 위해서는 첫째, 정확해야 합니다. 특히 조직에서 하는 말하기에는 허구가 들어갈 여지가 없습니다. 상상력을 동원해 창작물을 만들어내는 게 아닌 한, 사실이 아닌 것을 사실처럼 꾸며 말해서는 안 됩니다. 정확한 사실과 근거를 바탕으로 설명하고 주장할 수 있어야 합니다.

둘째, 명확해야 합니다. 나의 말이 듣는 사람에 따라 다르게 해석되면 안 됩니다. 내가 말한 A를 A+나 A-가 아닌, 누구나 A라고 제대로 알아들을 수 있어야 합니다. 정확성이 말할 내용 그 자체에 필요한 것이라면 명확성은 상대방의 해석을 돕는 요인이라 할 수 있습니다.

셋째, 구체적이어야 합니다. 보고서나 기획안 같은 문서에 비해 더 구체적이어야 한다는 뜻입니다. 문서를 작성하고 이메일을 주고받는데도 얼굴을 보고 말을 한다는 것은, 글로는 모두 담기 어려운 무언가가 있다는 뜻입니다. 그 '무언가'를 효과적으로 드러낼 구체성이 필요합니다.

이쯤에서, 보다 근본적인 '말하기의 조건'을 생각할 필요가 있습니다. 말하는 내용의 기본기란 결국 어떤 내용을 말할지 각자의 지식과 지혜를 근거로 어느 정도 결정한 다음, 입으로 표현하기 전에 머릿속으로 잘 정리한 것에 불과합니다. 그러니 우리 머릿속에 있는 기본 지식과 지혜와 판단의 근거야말로 말하기의 가장 근본 요소라 할 수 있습니다.

이런 맥락에서, 먼저 말하기의 뿌리가 될 만한 두 가지 요소를 살펴보겠습니다.

말하기 & 듣기
쓰기 & 읽기

우리는 말하기와 듣기, 쓰기와 읽기로 짝을 짓는 경향이 있습니다. 여기서 말하기와 쓰기, 듣기와 읽기는 어떤 관계로 이해할 수 있을까요? 제 경험상 진짜 말하기 실력이 좋은 사람들은 대개 글쓰기 실력도 뛰어납니다. 특히 공적인 말하기 실력에서는 그 사람의 사고체계가 얼마나 잘 정돈되어 있는지 드러나다 보니, 공적인 자리에서 말하는 내용을 들어보면 그 사람의 글쓰기 실력도 어느 정도 짐작할 수 있습니다.

그런데 글쓰기와 달리, 말하기에는 너무 많은 방해 요소가 감각적으로 얽혀 있습니다. 그래서 글을 잘 쓴다고 말도 잘할 거라 판단하기에는 역부족일 때가 많습니다. 물론 기본적으로 글을 잘 쓰는 사람이 말하기의 기초 체력까지 탄탄히 다진다면, 그 사람의 말하기 실력은 다른 사람들에 비해 월등히 좋아질 것이라 확신합니다.

들기와 읽기의 관계는 어떨까요? 우리는 흔히 듣는 행위를 '생각을 읽는다'라고도 표현합니다. 누군가의 말을 듣는다는 것은 그 사람의 마음속을 읽는 것과도 같다는 거죠. 그래서 말을 잘 듣는 사람은 활자든 뭐든 잘 읽어냅니다. 글을 읽는 행위는 그 글을 쓴 사람과 대화하는 행위라고도 볼 수 있으니, 비유로든 실제로든 어느 정도 일맥상통합니다. 또한 글을 잘 읽는 사람은 대체로 잘 듣습니다. 글을 읽고 무언가를 얻고자 하는 사람은, 다른 이의 말에도 호기심을 갖고 귀를 기울이기 마련이니까요.

마이크 앞에서 말하는 것이 참 두렵다

방송 경력이 쌓일수록 개인적으로 공감하는 말입니다. 말을 한다는 것은 결국 자신의 모든 것을 드러내는 행위임을 점차 실감하기 때문입니다. 짧막한 뉴스 한 꼭지라도, 제가 내용을 얼마나 정확히 알고서 전달하는지 매 순간 스스로를 돌아보게 됩니다.

뉴스의 진실 여부가 저를 괴롭힐 때도 많습니다. 저의 방송을 접할 수많은 사람 가운데, 제가 하는 말과 행동에 상처받을 사람은 없을지 문득 돌아볼 때도 있습니다. 매일 두 시간씩 라디오 생방송을 진행하는 저로서는 그 시간이 무척 즐겁기도, 버겁기도 합니다. 때로 한없이 위축되는 상황에서는 그동안 말하기의 감수성을 잘 키워온 스스로를 격려하며 용기를 북돋워주기도 합니다.

이런 생각을 하게 된 데는 여러 사람의 귀가 제게 향해 있음을 알고 있고, 그들의 피드백을 수시로 확인하기 때문입니다. 또한, 공적인 말하기를 너무 쉽게 생각하고 잘못된 가치관이나 생각을 함부로 내뱉는 사람들에게 제가 상처받은 경험이 있어서이기도 합니다. 이러한 행동이 사회적으로 악영향을 미치는 것을 너무 많이 접하기도 하고요. 그래서 경험이 쌓일수록 제가 할 말을 더욱 경계하며 살피게 됩니다. 그래도 두려움이 늘 부정적인 것만은 아닌 것 같습니다. 덕분에 저의 감각을 더욱 벼리려 노력하게 되니까요. 그 방법은 다름 아닌 듣기, 읽기, 생각하기, 쓰기입니다.

중국 송나라 시기의 문인인 구양수는 '글을 잘 쓰기 위한 세 가지 비결'로 많이 읽고, 많이 쓰고, 많이 구상하기를 권했다죠? 이 말에 빗대어 '말을 잘하기 위한 비결'을 생각해보면 많이 듣고, 말할 내용을 많이 정리하고, 구상해보는 것을 떠올릴 수 있겠습니다.

여기에 더해 제 의견을 보태자면 다체득多體得도 필요하다고 생각합니다. '아는 것'과 '할 줄 아는 것'에는 분명히 차이가 있습니다. 더욱이 말하기에서는 이 둘의 차이가 아주 큽니다. 잘 정리한 마음속의 글, 다시 말해 나의 생각을 최종적으로 내 입을 통해 적절히 표현할 줄 아는 것은 숱한 말하기 경험을 통해서만 익힐 수 있습니다.

'아니, 말을 잘하려면 이렇게 어렵고 심오한 노력이 필요한 거였어? 아예 말을 하지 말란 건가?' 싶을 수도 있지만, 공적인 말하기를 잘하려면 어느 정도는 이런 과정을 거쳐야 하는 것이 냉정한 사실입니다. 사석에서 수다를 떨거나 일상적인 대화를 하는 것이 아니라면, 생각보다 꽤 번거로운 과정을 꾸준히 반복해야 합니다.

제대로 된 말하기에 도전하는 것이 이렇게나 어려운 일입니다.

필사가 말을 잘하는 데 도움이 되는 이유

말을 잘하기 위해 자신만의 지식과 지혜를 잘 정리하고 활용하는 방법 중 하나로 제가 가장 효과를 본 것은 '잘 쓴 글을 읽고 베껴 쓰고, 이에 대한 나의 생각을 정리하는 것'입니다. 조금 변형된 필사라고나 할까요?

읽고 쓰고 생각하기가 점점 더 힘들어지는 시대입니다. 읽는 것보다 보는 것에 익숙하고, 쓰기보다 문자를 '날리는' 데 익숙해지고, 생각하기보다 검색하는 게 훨씬 편리하니까요.

어떤 방식으로든 우리의 지식과 관점이 다채로워진다는 건 반가운 일입니다. 그렇지만 요즘처럼 복잡한 세상에서 양질의 정보와 진실을 찾는 과정은 생각보다 번거롭습니다. 정보 습득 과정은 이전보다 훨씬 빠르고 편리해졌다 해도, 그렇게 알게 된 내용을 제대로 이해하고 받아들일지 여부를 판단하는 것은 결국 각자의 몫이지요. 어떤 상황에서도 내 생각의 최종 결정자는 나여야 하고, 그 책임 역시 내가 지는 게 맞다고 생각합니다.

분명한 건, 말을 잘하기 위해서는 조금은 진득한 노력이 필요하다는 점입니다. 말하기란 우리가 자기만의 방식으로 지식을 쌓고 머릿속에서 정리하고 입으로 꺼내는 총체적 과정의 결과물이니까요. 또한 말하기는 우리의 모든 것이 드러나는 행위이기에, 정성을 들일수록 진가가 달라집니다. 그러려면 읽기, 쓰기, 생각하기, 말하기 모두를 골고루 신경 써서 훈련할 필요가 있습니다. 마치 '나'라는 자동차를 잘 운전할 네 개의 타이어를 모두 관리하고 점검하듯 말이죠.

개인적으로, 방송인이 되기로 마음먹은 이후로 지금까지 꾸준히 하는 일 가운데 '신문 읽기'를 빼놓을 수 없습니다. 단순히 읽기만 하는 것이 아니라 기사를 스크랩하고 저만의 생각을 메모하는 일을 20년 넘게 해오고 있습니다. 방송에서 할 말, 새로 알게 된 어휘, 인상 깊은 문장, 탁월한 논리가 돋보이는 글을 발췌해 정리하는 일은 저에게 숨 쉬듯 자연스러운 일과가 되었습니다.

이런 과정을 반복하다 보면, 때로는 특정 부분의 발췌가 아닌 완벽하게 베껴 쓰고 싶은 글을 만날 때가 있습니다. 이와 관련해 제 경험을 잠깐 소개할게요.

2014년 4월 16일 오전 11시, 저는 뉴스를 진행하면서 이렇게 마무리 멘트를 했습니다. "진도에서 침몰 소식이 전해졌던 선박의 탑승객

들이 전원 구조되었다는 속보를 전하면서, 오늘 뉴스를 마칩니다."

그런데 다음 날인 4월 17일 오전 7시, 라디오 뉴스를 진행하면서는 선사 직원 박지영 씨와 단원고 2학년 정차웅 학생, 20대 추정 1명 등 3명의 사망을 확인했으며 280여 명은 현재까지 생사가 확인되지 않고 있다는 기사를, 울음기 감추며 읽어내느라 무척 애를 써야 했습니다. 당시 또래 아이를 키우고 있던 엄마로서, 길에서 교복 차림의 아이들을 보기만 해도 눈물을 참을 수 없었습니다. 그리고 얼마 지나지 않아 우리 사회 곳곳에서는 '잊지 말자'라는 외침이 들려오기 시작했습니다.

저 또한 그런 움직임에 대해 뉴스 등을 통해 전달했지만, 그 말을 하는 동안 저의 내면은 무척 힘들었습니다. 이 사건이 발생한 지 두 달이 채 지나지 않은 시점에서 우리 사회가 '잊지 말자'라는 메시지를 외치는 것이, 제게는 유독 기이하게 느껴졌습니다. 내게만 시간이 더디 가는 것인가 싶은 생각이 들었고, 명확하게 정리되지 않는 제 마음 속의 불편함도 꽤나 심각했습니다.

그러던 중 〈경향신문〉에서 정희진 박사의 '잊지 말자?'라는 제목의 칼럼을 읽고 저의 내면이 불편한 원인이 무엇인지 명확히 알 수 있었습니다. 잊으려 해도 잊힐 리 없는 그 엄청난 참사가 발생한 지 아직 두 달이 지나지 않았는데, 너무나 당연한 기억을 소리 높여 '잊지 말자'고 외치는 상황 자체가 제게는 오히려 이질적으로 느껴졌던 것이 그 원인이었습니다.

이렇게 글로 또는 말로 당시의 제 생각을 정돈해내는 데 정희진 박사의 칼럼이 결정적인 역할을 했습니다. 불편함에 헝클어져 있던 제 감정 상태를 명쾌하게 정돈해준 글이 반가워서, 저는 늘 하던 대로 그 글을 눈으로 읽는 데 그치지 않고 인상적인 문장이나 논리의 흐름, 그리고 제 생각을 정리해놓으려 메모하기 시작했습니다. 그런데 메모하다 보니 그 글을 제목부터 통째로 제 PC에 옮기고 말았습니다. 어휘하나, 문장 한 줄, 사고의 흐름까지 무엇 하나 위화감이 느껴지지 않는 신기한 경험이었습니다.

그날 이후 '정희진의 낯선 사이'는 저의 필수 필사 목록이 되었고, 저는 그분의 모든 책을 읽는 독자가 되었습니다. 이후로도 김영민 교수, 김연수 소설가, 신형철 문학평론가 등의 글을 필사하게 되었습니다.

자신의 생각과 마음을 표현할 방법이 없을 때 우연히 내 머릿속과 마음을 정리해주는 잘 쓴 글을 만난다면, 어떤 글이라도 한번쯤 베껴써보시길 권합니다. 문학적으로 아름다운 글도 좋지만, 그보다는 논리의 흐름을 유지한 글이 공적인 말하기 실력을 키우기에는 좀 더 유리할 것 같습니다. 또한 손으로 정성들여 쓰는 것도 좋겠지만, 크게 힘들이지 않고 습관을 기르기에는 타이핑을 하는 것도 나쁘지 않다고 생각합니다. 편한 방법으로 실천해야 지치지 않고 꾸준히 할 수 있을 테니까요. 필사한 후에는 반드시 글의 구조를 살피며 논리의 흐름을 구조적으로 정리해보고, 인상적인 어휘는 따로 사전을 찾아보길 바랍니다. 마지막으로, 이 글을 필사하게 된 이유를 짤막한 생각과 함께 기록해보세요. 이 시간이야말로 우리의 말하기 실력을 제대로 키워줄 소중한 자산일 수 있습니다.

말을 잘하려면 잘 들어야 한다고?

말을 잘하려면 먼저 잘 들으라는 말이 있습니다. 정말 그럴까요? 건성으로 듣지 말고 상대방의 말을 온전히 들으라는 의미인 줄은 알겠는데, 이게 말하기에 구체적으로 어떤 도움이 된다는 것일까요?

예를 들어볼게요. 보고를 받을 때마다 "왜?"라고 질문하는 상사가 있다고 가정합니다. 이 사람은 사무실 전체에 들리도록 한숨도 자주 쉽니다. 그래서 직원들은 상사에게 보고를 할 일이 생기면 자주 긴장합니다.

그런데 현장에서 이슈가 생겼습니다. 팝업 스토어에 생각보다 사람들이 많이 몰려 판매가 지연되자, 소비자들이 클레임을 제기합니다.

A는 이 상황을 기쁜 표정으로 상사에게 보고합니다. "부장님, 팝업 스토어 반응이 아주 좋답니다!" 그런데 B는 이렇게 보고합니다. "부장님, 팝업 스토어에 사람들이 너무 몰려서 클레임이 제기되고 있답니다."

상황은 같은데 보고하는 내용은 다릅니다. 어느 쪽의 말하기가 더 낫다고 할 수 있을까요?

아마 A는 이렇게 말하려 했을 겁니다. "부장님, 팝업 스토어 반응이 아주 좋답니다. 현장에 진행 스태프를 더 보내야 할 것 같은데, 어느 부서에 지원 요청을 할까요?" 반면, B는 이렇게 보고하지 않았을까요? "부장님, 팝업 스토어에 사람들이 너무 몰려서 클레임이 제기되고 있답니다. 현장에 진행 스태프가 필요한데, 어느 부서에 지원 요청을 할까요?"

정답은 없지만, 우리가 상사라면 어떤 보고가 더 마음에 들지 짐작할 수 있을 것 같습니다. 상사의 특징으로 추측한다면, 한 가지는 확실해 보입니다. A의 보고를 받으면 기분은 좋겠지만 상황 판단은 한 박자 늦게 할 테고, B의 보고는 기분은 언짢겠지만 상황 판단을 곧바로 할 수 있다는 장점이 있으니까요.

아주 간단한 상황을 그려봤지만, 현장 상황을 전해 듣는 단계에서 두 사람이 각자 무엇을 더 예리하게 받아들였는지 알 수 있습니다. 또한 두 사람은 상사를 어떻게 '읽어내는지'에서도 차이가 납니다. 한 사람은 다혈질인 상사의 감정에 주력했고, 한 사람은 상사의 사고방식을 더 읽어냈다고 볼 수 있습니다.

결국, '말을 잘하려면 잘 들어라'라는 말은, 단순히 상대방이 하는 말만을 집중해서 들으라는 말이 아닙니다. 어떤 내용이 가장 중요한

지 파악하고, 내가 말할 차례가 되었을 때 내가 하는 말의 궁극적인 주인은 내가 아닌 상대방이라는 점을 이해하라는 뜻입니다. 나의 말을 곧바로 알아들을 수 있도록 상대방에게 맞춰주는 행위는 말하기에서 무척 중요합니다.

저는 앞에서 이 과정을 상대방과 주파수를 맞추는 행위라고 표현했습니다. 말을 잘하기 위해 내 안의 나와 주파수를 맞추듯, 나의 말을 들어줄 사람과 주파수를 맞추는 과정 역시 무척 중요합니다. 그 사람의 주파수를 확인해 내 생각을 말로 제대로 송신할 수 있어야 합니다. 그러니 '말을 잘하려면 잘 들어라'라는 말은, 나의 말을 들어줄 상대방을 총체적으로 잘 '읽어내야' 한다는 뜻으로 받아들일 수 있을 것입니다.

그럼, 상대방을 총체적으로 '잘 읽어내기' 위해서는 어떤 노력이 필요할까요?

우선 상대방의 말을 귀로만 듣는 것이라고 생각하면 안 됩니다. 상대방은 우리와 마찬가지로 입을 통해 말을 하고 있지만 온몸으로 얘기할 때가 많습니다. 그의 시선이 어디에 머무는지 그의 눈빛은 어떤 마음을 담아내고 있는지 살필 수 있어야 합니다. 귀로도 단순히 그의 말소리에만 집중하면 안 되겠죠? 어떤 말을 언급하기에 앞서 그가 얼마나 호흡을 길게 하는지, 평상시 그의 목소리 톤과 비교해 어떤 톤으로 말하는지 세심하게 주의를 기울여야 합니다.

무엇보다도 상대방의 말에 이어 자신이 할 말을 찾겠다며, 그가 하는 말에 주의를 기울이는 대신 금세 딴생각으로 나아가려 하는 자신의 정신을 꼭 붙들어주세요. 상대방의 말을 충분히 듣고 나서 자신이 할 말을 생각하고 전하는 습관을 길러주세요. 공적인 관계에서 이뤄지는 말하기를 속도전으로 여기거나 흔히 말하는 티키타카식 대화로 여겨 말 사이의 간격이 벌어지면 안 된다는 강박관념을 갖는 경우가 많은데, 이는 바람직하지 않습니다.

상대방이 하는 말을 청각과 시각 등을 총동원해 온전히 듣고, 잠시 머릿속에서 그 말의 내용을 정리한 후에야 비로소 나의 말을 이어가겠다고 다짐하고 실천해보길 바랍니다. 그러면 그동안 듣지 못하고 보지 못했던, 상대방이 온몸으로 당신에게 전하는 이야기가 얼마나 다채롭고 많았는지 새삼 느끼게 되는 순간이 있을 겁니다.

상대방과 정확하게 주파수 맞추는 법

말을 잘하는 사람들의 특징 중 간과할 수 없는 부분이, 상대방을 잘 파악하고 있다는 것입니다.

나의 말을 듣는 사람에게 지속적으로 관심을 가지고 그들과 주파수를 맞추려고 노력하는 건, 훌륭한 자세일 뿐 아니라 공적인 말하기에서 너무나 중요한 과정입니다.

요즘은 자기소개를 하면서 자신의 MBTI를 밝히는 경우가 많죠. 맹신할 필요는 없지만 상대방을 파악하기 위한 하나의 도구로 어느 정도 참고할 수는 있을 것 같습니다. 예를 들어 상대방을 관찰하고 분석해, 나와 그 사람의 관계를 어떻게 조율할지 일종의 실마리를 발견하는 데서 MBTI의 쓸모를 찾을 수 있습니다. 앞에서 강조했듯 공적인 말하기에서는 자신과 타인 사이를 조율하는 과정이 무척 중요합니다. 각자의 에너지가 흐르는 방향을 이해하고 존중한다면, 상대방의 말과 행동에 대해 나댄다 또는 답답하다는 식으로 섣불리 평가하지 않을 테니까요.

참고로 저는 사고형에 해당한다는 T 성향이 강한 편입니다. 저처럼 T 성향이 강한 사람이 반대 성향을 감정적이라고 단정 짓는다면 섣부른 오해를 낳을 수 있습니다. 정확히 말하면 F 성향이 강한 사람들은 감정적인 게 아니라 관계에 관심이 많다고 이해하는 편이 더 정확하다고 합니다. 실제로 T 성향에 비해 F 성향이 공감 능력을 중요하게 생각하기도 하고요.

T 성향이 강한 상사가 업무 내용을 중심으로 말한다면, F 성향이 강한 중간관리자가 팀 전체의 분위기나 직원들 간의 관계에 더욱 신경을 쓰며 중간에서 쿠션 역할을 해줄 수 있습니다. F 성향이 강한 상사의 신념이나 가치관을 존중하며 의견을 제시하면 막혔던 문제를 의외로 수월하게 해결할 수도 있고요. 팀원들의 의욕을 고취시키거나 업무 내용을 지적할 때도 상대방의 주파수에 잘 맞는 방식으로 전달

한다면 군이 불필요한 감정 낭비를 하거나 오해를 사는 일이 훨씬 줄어들 것입니다.

MBTI든 뭐든, 상대방을 이해하려고 노력하는 자세는 늘 옳습니다. 상대방을 잘 파악하려는 노력은 결국 내가 말할 내용을 채우고 다지는 데 아주 유용한 방향을 설정해주는 법이니까요. 상대방이 궁금해하는 내용, 상대방이 필요로 하는 정보, 상대방에게 나의 생각과 의도를 효과적으로 전달할 방법을 찾으려는 노력을, 결코 게을리하지 말았으면 합니다.

예민할수록 좋은 언어 감수성

혹시 '왜 저 사람은 내 말을 자꾸 오해하고 난리야?' 하는 생각을 해본 적 있나요? 만약 그렇다면, 앞으로는 '왜 내 말을 그렇게 이해했을까?'를 고민해보면 좋겠습니다. 말은 나를 위해서가 아닌, 내 말을 들을 상대방을 위해서 하는 것이니까요.

내가 하는 말이 상대방에게 어떻게 들릴지 섬세하게 고민하는 사람을 가리켜 '언어 감수성이 높다'라고 말합니다. 언어에 대한 민감도가 높다고도 하는데, 언어 감수성이 높은 사람일수록 상대방을 배려하는 표현을 자주 쓰고, 사회 통념상 차별이나 편견을 줄 수 있는 어휘를 피하려는 경향이 높다고 합니다.

그럼, 언어 감수성을 높이기 위해 우리에게 필요한 것은 무엇일까요?

우선, 나의 말을 듣는 상대방을 자세히 살펴야 합니다. 어떤 목적으로 나의 말을 듣는지, 어떤 특징과 사고방식을 가졌는지 등을 파악해야 합니다. 물론 이런 작업이 쉬울 리 없죠. 대개는 현 시점에서 가장 보편적이고 이상적인 가치를 반영하는 어휘를 쓸 수 있도록 노력하는 것이 바람직합니다. 좀 더 구체적으로 살펴보면 다음과 같습니다.

첫째, 상대방의 다양성을 있는 그대로 존중하고 인정합니다. 함부로 판단, 배제, 차별하지 않도록 주의하며 말합니다. 외국 출신이지만 엄연히 대한민국 국적을 가진 사람들이 있는 자리에서 "여기 외국인들이 많네요"라고 말하는 것, 외모를 평가하는 것 등이 가장 대표적인 실수 중 하나입니다.

둘째, 특정한 단어가 담고 있는 생각과 시대성에 끊임없이 의문을 제기하면서 톺아볼 수 있어야 합니다. 말은 시대와 생각을 담아내는 만큼 늘 변하고 있으니, 늘 써온 말이라고 생각 없이 써서는 안 됩니다. 유모차 대신 유아차라고 쓰자는 의견이 왜 나왔을지 생각해보는 것이 좋은 예시가 될 수 있습니다. 만약 유아차라고 쓰고 싶지만 내가 너무 튀는 건 아닐까 하는 생각이 들더라도, 이 단어가 내 가치관에 좀 더 적합하다면 과감하게 사용하기를 권합니다.

마지막으로, 나는 그런 의도로 말하지 않았는데 상대방이 어떤 의도가 있는 것이라고 받아들였다면, 그건 내 탓이라 여겨야 합니다. 상대방이 오해할 여지를 주었다면 내 잘못이라고 생각하는 것이 공적인 말하기 상황에서 갖춰야 할 성숙한 태도입니다. 상대방의 눈높이와 지적 수준, 태도에 걸맞은 표현을 쓰는 게 맞습니다. 이러한 노력을 멈추지 않는 것만으로도 우리의 언어 감수성은 그 누구보다 예민하게 벼려질 거라 생각합니다.

조리 있게 말하기 위한 3WR

말을 잘하는 데 관심이 많은 사람이라면 "어떻게 말을 그렇게 조리 있게 잘하세요?"라는 칭찬을 듣고 싶을 겁니다. 저도 마찬가지이고요.

말을 조리 있게 한다는 건, 사전의 정의에 따르면 '앞뒤가 들어맞고 체계가 서도록 말한다'라는 것입니다. 이러한 말하기가 칭찬이라는 건, 그만큼 앞뒤가 들어맞고 짜임새 있게 말하기가 쉽지 않다는 방증이겠지요.

조리 있게 말하는 것이 왜 어려울까요? 단순히 말하기 능력을 탓할 문제가 아니기 때문입니다. 사고 체계 자체가 조리 있어야 그렇게 말하는 것도 가능한 일이지요. 생각의 흐름이 어느 정도 짜임새 있게 흘러야 생각을 담아내는 말도 앞뒤가 맞고 짜임새를 갖출 수 있습니다. 생각이 뒤죽박죽이라 무슨 말부터 꺼내야 할지 모르겠고, 그래서 눈치를 보다가 '에라 모르겠다, 일단 말하자!' 하는 사람은 말만 많은 사람으로 비치기 십상입니다.

더욱이 공적인 말하기 상황일수록 뒤죽박죽인 생각 사이에서 할 말을 찾고, 그 말의 앞뒤를 구성해 체계를 갖추는 일이 중요합니다. 이 과정을 잘하기 위해 필요한 훈련이 바로 글쓰기이고요.

공적인 말하기의 내용을 구성할 때는, 기획안이나 보고서 등을 작성할 때와 비슷한 과정을 거친다고 보면 됩니다. 실제로 조직 내에서 수시로 쓰는 기획안이나 보고서로도 충분히 공적인 자리에서 조리 있게 말하는 연습을 할 수 있습니다. 기획안과 보고서를 작성할 땐 흔히 '기획의 기본기'에 해당하는 3WR Why, Why so, What, Really을 고민하는데, 이것이 바로 말하기의 설계 과정에 해당합니다.

이게 무슨 뜻인지, '말하기'를 주제로 출판 기획안을 작성한 F의 발표를 통해 확인해볼까요?

- 요즘 '콜 포비아'란 신조어가 생겼답니다 ➡ Why
- 카카오톡 메시지나 문자, 이메일 등으로 소통하는 데 익숙한 시대이다 보니, 이런 단어까지 등장한 것 같은데요 ➡ Why so
- 직장인들이 '공적인 자리에서 말하는 법'을 구체적이고 전문적으로 연습할 수 있는 실용서를 출간하면 어떨까 싶습니다 ➡ What
- 마침, 26년 차 아나운서이자 여러 기업체에서 말하기 특강을 진행하는 저자를 연결해볼 수 있습니다 ➡ Really

고위 공직자들이 주로 활용하는 '말씀 자료'라는 것이 있습니다. 국민에게 전할 내용을 담은 발표문 또는 연설문을 뜻하는데, 이 자료는 대개 해당 부처의 보도자료를 뼈대로 구성합니다.

보도자료는 해당 기업 또는 관련 부서가 지금 어떤 사업이나 정책 등을 진행하는지 알리는 역할을 합니다. 이 사업의 핵심 내용이 무엇인지, 왜 추진하게 되었는지, 어떤 과정으로 진행 중인지, 이 사업의 의미와 기대 효과는 어느 정도인지 등이 담기고요.

조직 내에서 쓰는 기획안이나 보고서도 마찬가지입니다. 내가 하는 일을 한 장짜리 기획서 또는 보고서로 만들었다면, 이 구조를 뼈대 삼아 얼마든지 말하기 자료를 구성할 수 있습니다.

말하기 자료를 구성하는 좀 더 구체적인 방법을, 다음 사례를 보며 함께 연습해봅시다.

말하기 자료의 뼈대를 구성하는 법

김 팀장과 이 팀장이 사내 협업 강화를 위한 TF에 합류하게 되었습니다. 그동안의 논의를 거쳐 최종 발표를 앞두고, 두 사람은 PPT 초안을 바탕으로 말하기 자료를 다음과 같이 작성했습니다.

1. 발표자 및 발표 주제 소개

2. TF 구성 배경 언급

3. 협업에 대한 각 부처별 의견 공유

4. 성공적인 협업 사례 분석

5. 직원들의 인터뷰 내용 소개(불만, 아이디어 등)

6. 최종 제언

위의 순서대로 발표하는 것이 무난해 보이긴 했지만, 두 팀장은 간결한 발표를 위해서는 2번을 굳이 언급할 필요가 있을지 다시 생각해 보기로 했습니다. 2번을 발표하려면 현재의 문제점과 불편사항을 먼저 언급해야 하는데, 이것은 각 부처별 의견을 전달하는 3번 단계에서 자연스레 언급할 수 있기 때문이죠.

김 팀장은 4번을 강조하자고 제안했습니다. 그런데 이 팀장의 생각은 달랐습니다. 5번에서도 좀 더 구체적인 내용을 전달할 수 있으니, 4번은 간결하게 소개하고 5번을 강조하며 결론을 내리자고 했습니다. 두 사람이 의견을 모은 끝에 최종적으로 완성한 말하기 자료의 뼈대는 다음과 같습니다.

1. 발표자 및 발표 주제 소개

2. 협업 강화를 위한 TF가 내린 결론 발표

3. 결론을 도출하게 된 배경 및 각 부처별 의견 언급

4. 성공적인 협업 사례 소개를 통한 근거 제시
5. 직원 인터뷰를 통해 확인한 구성원들의 불만사항 전달 및
   TF가 내린 결론에 대한 기대 효과를 강조

어떤가요? 결과적으로 짜임새가 간결하면서도 설득력이 높아졌습니다. 말하기의 '구조'를 세운 덕분인데요. 두 사람은 아래와 같은 구조로 말하기 내용을 설계했습니다.

결론Point ➡ **이유**Reason ➡ **근거**Example ➡ **결론 확인**Point again

이 구조는 이른바 '처칠식 말하기 기법'고도 불리는 PREP 구조입니다. 주로 설득이나 도출된 결론을 전하는 말하기에서 활용하면 좋은 구조이지요.

두 팀장은 처음에는 발표할 내용에 충실하기 위해 정확성, 명확성, 구체성을 기준으로 발표 자료를 다듬었습니다. 다음 단계에서는 배경 설명 같은 일반적인 이야기를 생략하고 도출한 결론을 먼저 제시했습니다. TF가 가동되었다는 것은 그만큼 조직 내에서 문제점을 인식하고 있다는 뜻이니까요. 이어서 각 부서별 의견과 실제 사례를 근거로 제시하며 다시 결론을 언급했습니다.

이처럼 공적인 말하기에서는 말할 내용의 구조를 잘 정립하고 숙지하는 것이 좋습니다. 특히 말이 길어지거나, 두서를 잡기 어려운 사람

일수록 몇 가지 구조를 가이드 삼아 연습해보면 좋습니다. 특히 공적인 상황에서 말할 경우를 대비해 몇 가지 '말하기 틀'에 말할 내용을 정리해두는 연습을 하면, 쓸데없는 말을 줄이고 내용의 뼈대와 구조에 맞게 간결하게 말하기에 익숙해질 수 있습니다.

공적인 말하기 상황에서 활용하기 좋은 대표적인 말하기 구조를 몇 가지 소개할게요.

1. FIFA 구조: 서로 다른 관점이 충돌할 때 활용하기 좋은 구조

상황 Fact	2023년 상반기 결산 결과, A사에 비해 우리 회사의 경쟁력이 떨어지고 있습니다	실제 사실관계 언급
주목할 사항 Impact	담당 부서로서 관련 사실을 인지하고 있으나, 보다 근본적인 문제가 있다고 생각합니다	주목해야 할 또 다른 사실관계 언급
관점 Frame	영업 경쟁력이 떨어지는 것뿐 아니라, 우리의 의사결정 절차가 너무 복잡하다고 판단합니다 (+근거)	새로운 분석 틀과 근거 제시
실천방안 Action	영업 경쟁력 제고와 더불어 의사결정 절차를 정비하면 좋겠습니다	대안 제시

2. STAR 구조: 현황 파악 및 이에 대한 과제 선정, 사후 보고 등에 활용하기 좋은 구조

현황 Situation	물품의 배송 지연이 심각합니다	현황 보고
과제 Task	배송 업체를 다양화해야 합니다	과제 제안
실천방안 Action	바로 계약할 수 있는 업체 중 A사, B사와 조율 중입니다	대응방안
결과 Result	3일 이내에 배송 지연 문제를 해결하겠 습니다	예상 결과

3. SBE 구조: 해결책을 바탕으로 설득할 때 활용하기 좋은 구조

해결책 Solution	지난해부터 시작한 직원 건강관리 프로 그램을 올해도 계속 운영하는 것이 좋겠 습니다	해결 방안
이익 Benefit	직원들의 만족도가 높고 전체 매출 관리 에도 도움이 된 것으로 드러났습니다	해결책에 따른 이익
근거 Evidence	재작년 대비 작년 병가 사용 일수가 줄고 업무의 연속성 또한 개선되었습니다	구체적인 근거

이 세 가지 예시를 말하기의 법칙처럼 여길 필요는 없습니다. 구조를 아는 것보다 중요한 것은 우리의 말을 들을 상대방이 무엇을 가장

중요하게 여기는 사람인지, 지금 이 자리에서 어떤 내용을 가장 먼저 언급해야 할지를 정확하게 파악하는 것이니까요. 자신에게 익숙하고 편안한 틀 안에서 순서나 비중을 조절해가며 활용하는 것이 좋습니다.

말 잘하는 법, 인공지능에게 물어봤습니다

What's the best way to improve my speech skill?

챗GPT에게 말하기 실력을 키우려면 어떻게 해야 하는지 물었더니 다음과 같은 답을 주었습니다.

1. 연습하랍니다. 많이 연습할수록 편안해지고 자신감이 생긴다고 요. 처음에는 거울 앞에서 연습하고, 다음에는 친구나 가족들 앞 에서 연습하되 자신이 말하는 내용을 녹음해서 분석해보라고 합 니다. 탁월한 조언이네요.
2. 말하기나 토론 모임에 참석하랍니다. 말할 기회를 적극적으로 만들어서 공적인 말하기 기술을 쌓으라고요. 역시 좋은 생각입 니다.
3. 큰 소리로 읽는 방법도 추천하네요. 발음과 억양이 정확해지고

목소리에 감정도 담을 수 있다고 설명합니다. '소리 내어 읽기의 힘'을 알고 있다니, 대단합니다.

4. 말을 잘하는 사람을 살펴보고 따라 해보라고 해요. 테드TED 같은 영상을 보며 말 잘하는 사람들의 스타일을 분석하고, 전달력은 어떤지 어떤 어휘를 사용하는지 살펴보라고 합니다.

나만의 말하기 롤모델을 찾는 것, 역시 좋은 방법이고 분명 도움이 됩니다. 대신 한 가지 유의할 점을 보태자면 자신과 발성법이나 목소리 톤이 비슷한 사람을 찾으면 더욱 유리합니다. 그 사람의 호흡법을 살펴보는 것도 좋겠지요.

5. 말하기를 평가해줄 만한 사람들을 찾아 진지하게 피드백을 듣는 것도 도움이 된다고 합니다. 개인적으로 이 점은 조금 주의해서 받아들이면 좋겠어요. 자신의 주변에 아나운서 같은 말하기 전문가가 있다면 모를까, 두루뭉술한 칭찬이나 근거 없는 지적은 오히려 도움이 되지 않습니다.

6. 몸짓 언어를 주의하라고 전하네요. 몸짓 언어가 말하기에 영향을 주니, 전달력을 높이기 위해 자세와 움직임, 시선 처리에 신경 쓰라고 합니다. 당연합니다.

7. 걱정을 줄이라고도 조언하네요. 긴장감을 낮추는 심호흡 등을 익히라고 해요. 참 좋은 의견입니다. 무엇보다 말하기 능력을 키우기 위해서는 시간과 연습이 필요하다며 인내심과 끈기를 가지라고 조언합니다.

이 답변을 확인하면서 사실 놀랐습니다. 깊이가 있거나 세밀하고 전문적인 답변은 아니지만 꽤 다각도로 살펴볼 만한 답을 했다고 생각합니다. 한편으로, 말하기에 관한 책을 쓰고 있는 제 입장에서는 어느 정도 다행스러운 면도 있었습니다. 좀 더 통찰력이 있거나 세밀하고 전문적인 내용은 아직 챗GPT가 모른다는 생각이 들었거든요. 물론 사람들이 이 정도 지식만 알면 누구나 말을 잘할 수 있다고 생각하겠구나 싶어 우려스럽기도 했습니다. 챗GPT 같은 대화형 인공지능과 소통하는 비중이 점점 늘어난다면 우리의 말하기 능력에는 또 어떤 변화가 생길까 궁금해지기도 했고요.

다만 한 가지, 말하기 능력이 앞으로 인간이 가진 최고의 경쟁력이 될 수 있겠다고 확신할 수 있었습니다. 말이 아닌 글이나 문자로 소통하는 것을 선호할수록 '말하기'가 더 큰 가치와 의미를 담는 활동이 될지도 모르니까요. 어쩌면 상황에 맞게 제대로 말하는 능력이 보기 드문 경쟁력으로 자리매김할지도 모를 일입니다.

평생의 무기가 되는 어휘력의 힘

영화 〈스틸 앨리스Still Alice〉는 알츠하이머 진단을 받고 기억을 하나씩 잃어
가는 언어학 교수의 이야기를 담고 있습니다. 교수이자 학자, 세 아이의 엄
마인 주인공이 비교적 젊은 나이에 자신이 예전과 달라졌음을 명확히 느
끼는 계기가 바로 어휘 때문이었습니다. 초청 강연을 하던 중 '어휘'라는 단
어가 생각나지 않아 애를 먹던 그는, 결국 그 순간을 모면하기 위해 잠시 유
머를 구사합니다. 그러나 끝내 어휘를 생각해내지 못해 '단어'로 에둘러 말
하지요. 강연을 마치고 돌아가는 택시 안, 그제야 그는 어휘라고 표현하고
싶었다는 걸 깨닫습니다. 한평생 어휘 분야를 연구했던 학자가 '어휘'라는
단어부터 잊어버리게 된 비정한 설정과 잃어가는 기억을 붙들기 위해 어휘
공부에 몰두하는 모습이 무척 인상적이었습니다.

우리도 종종, 말을 하다가 적확한 단어가 떠오르지 않아 갑갑할 때가 있
습니다. 저는 라디오를 진행하면서 제 안에 스며드는 감정, 문자로 받은 사
진이나 제 눈에 비친 아침 풍경 등을 청취자에게 정확하고 세세하게 표현
하기 어려워 답답할 때가 많습니다. 제 표현력의 한계, 정확하게는 제 어휘

력의 한계를 느낄 때 말이지요.

아주 이른 새벽을 '꼭두새벽'이라 하고, 날이 막 새는 때를 '첫새벽'이라 하고, 날이 밝기 전 어둑어둑한 새벽을 '어둑새벽'이라 한다는 것을 안다면, 저는 매일 새벽의 느낌을 좀 더 다양하고 섬세하게 표현할 수 있을 것입니다. 청취자가 보낸 사진 속에서 햇빛 혹은 달빛에 비쳐 반짝이는 잔물결을 보고 '윤슬이 아름답네요'라든가, 구름 사이로 빛이 뻗어 나오는 하늘을 찍은 사진을 보며 '눈부신 빛기둥을 사진에 잘 담으셨네요'와 같은 표현으로 설명할 수 있다면, 청취자들과 좀 더 폭넓은 대화를 이어갈 수 있을 거예요. 그래서 저는 시 속의 시어나 소설 속 적확한 표현에 주목하며 책을 읽고 그것을 실제로 꼭 활용합니다.

어휘력을 키우려는 노력은 분야를 가리지 않습니다. 감성적인 어휘뿐만이 아닙니다. '경상거래'가 국제 사회에서 이뤄지는 자본 거래 이외의 부분이라는 것을 알고 뉴스를 진행할 때와, 그렇지 않은 상태에서 뉴스를 진행할 때 저와 청취자 모두에게 이해도 면에서 분명 차이가 생깁니다. 그래서 뉴스를 전달하는 자로서 늘 관련 상식을 쌓고, 최신 시사용어를 익힐 땐 매일 다양한 소식을 들여다보며 뜻을 명확히 이해하는 과정을 거칩니다.

이러한 노력이 방송인에게만 필요한 건 아닙니다. 저는 이런 과정을 말뭉치를 키워가는 과정이라고 표현하는데요. 누구나 자신의 전문 영역에서 공적인 말을 잘하려면 반드시 자기만의 말뭉치를 크고 단단하게 뭉쳐놓아야 한다고 생각합니다. 이 말뭉치가 결국 저마다의 말하기 실력이자, 더 나아가 개인의 지적 자산이 될 테니까요. 실제로 어휘 실력은 개인의 직업적 성공을 예측하는 여러 변수 가운데 단일 변수로는 가장 좋은 척도로 작용합니다. 내가 하는 일을 더 잘 해내기 위해 무엇부터 해야 할지 모르겠다는 생각이 든다면, 자신이 일하는 분야에 관한 어휘부터 제대로 익히겠다는 단순한 생각으로 접근해보는 것도 좋습니다. 또한 나의 일과 조직에 어느 정도 익숙해져 안정감은 들지만 스스로 정체되었다는 생각이 들거나 '길을 잃었다'라는 혼란스러움을 느낄 때에도 새로운 어휘를 찾아보기를 권합니다. 관련 지식을 쌓아야겠다고 생각하는 것보다 훨씬 가벼운 마음으로 내 일을 연구하는 자세를 가질 수 있을 겁니다.

그럼 새로운 어휘는 어떻게 찾으면 좋을까요? 이와 관련해 '책 속에 길이 있다'라는 명언을 전하고 싶은데요. 저는 이 말을 좀 더 좁은 의미로 즐겨 해석합니다. '책 속에 있는 길'을 걷다 보면 저절로 쌓이는 것이 어휘력이라고요. 책의 길 끝에 다다라 양손 가득 채운 어휘를 자기만의 실력 창고에 차곡차곡 저장해두길 권합니다.

4장

업무 보고부터 협상까지,
나의 가치를 높이는
상황별 말하기

04

업무 보고부터 협상까지,
나의 가치를 높이는 상황별 말하기

모든 말하기 활동에는 내 마음을 전달하기, 내 생각을 밝히기, 내 요구를 관철하기와 같은 목적이 있습니다. 목적이 없는 말하기라면 혼잣말로 중얼거리기 외에는 없을 듯합니다.

특히, 공적인 말하기는 '설득'을 목적으로 하는 경우가 많습니다. 회사에서 말을 하는 순간, 상사가 나의 보고 내용을 잘 이해해주기를 바랍니다. 발표를 할 때는 회의 참가자들이 발표 내용을 이해하고 공감해주기를 바라고요.

토론도 마찬가지입니다. 각자의 주장을 전달하고 상대방과 나의 의견을 점검하는 과정에서 내 주장이 논리적으로나 현실적으로 상대방의 주장보다 좀 더 합당하게 받아들여지길 바랍니다. 협상도 마찬가지죠. 나의 제안이 상대방의 결정과 행동에 영향을 미치기를, 말 그대로 상대방을 설득할 수 있기를 바랍니다.

지금까지는 우리의 말하기가 좀 더 목적을 이루는 데 다가가기 위한 방법을 차근차근 밟아왔습니다. 마음가짐을 단단히 하고, 말하기의 기초 체력을 탄탄히 기르고, 든든한 지식을 쌓기 위한 노력을 하면서 말이죠. 이제 이러한 지식과 내용을 어떻게 실제 공적인 말하기 상황에서 잘 활용할지, 간단한 사례를 통해 살펴보려 합니다.

먼저, 회의 참석자들과 자료를 보면서 브리핑을 하거나 회의를 주도해야 하는 상황일 때 어떻게 하면 좀 더 주목도를 높일 수 있을지 살펴봅니다. 조금 많은 인원이 모인 공간에서 발표자로 나서야 할 때는 어떻게 하면 좋을지 기술적인 부분도 소개할게요. 전화 통화나 화상회의 시 주의할 점도 짚어봅니다. 마지막으로 토론과 협상 자리에서 말하기를 중심으로 알아두면 좋을 사항들도 구체적으로 알아봅시다.

첫 번째 실전, 전달력을 높이는 보고의 기술

출판사 편집자인 송 사원은 기획 회의에서 다음 기획안을 발표하려고 합니다. 그는 해당 내용을 바탕으로 어떤 대본을 만들었을까요?

출판기획안

〈QUIT: The Power of Knowing When to Walk Away〉
가제: 큇 - 자주 그만두는 사람들은 어떻게 성공하는가?
분야 경제경영
저자: 애니 듀크(Annie Duke)
출판사: Penguin
출간일: 2022년 12월

■ 개요

　　정말 똑똑한 사람은 적기에 내려놓을 줄 안다.
　　아무도 가르쳐준 적 없는 '손절의 기술'

　　이 주식, 언제 팔지? 아파트, 언제 사는 게 좋을까? 답 없는 이 회사는 언제쯤 관둬야 하나?
　　우리는 일상의 많은 부분에서 손절의 타이밍을 살핀다. 그러나 이런저런 이유로 결정을 미루며 어제와 다를 바 없는 삶을 살아간다.
　　세계적 체스 챔피언인 애니 듀크는 요즘 같은 대변혁의 시대에 '손절의 기술'을 가르쳐준다. 우리는 살면서 포기하지 말고 노력하라, 버티라는 말은 자주 듣지만 언제 그만두는 게 최선인지를 배운 적은 없다. 하지만 <u>버티는 것만큼이나 제때에 그만두고 방향을 바꾸는 것 역시 중요하다.</u> 저자는 세계 최고의 운동선수, 500대 대기업과 유명인들의 사례를 통해 어떻게 하면 지지부진한 상황에서 손을 털고 다른 방향으로 선회할 수 있는지에 대한 과학적 노하우를 설명한다.

• 손절 과정에 영향을 미치는 요소들
　- 너무 일찍 포기하는 것 같다는 기분
　- 현재 상태에 대한 편견
　- 연차에 따라 달라지는 조직에 대한 마음

- 확실한 것을 바라는 마음
• 이 책이 알려주는 손절 잘하는 법
  - 기대치에 따라 판단하는 '손절 계약서' 작성법
  - 유연하게 목표를 설정하는 법
  - 그만둘 때를 결정하는 나만의 계약서 작성법
  - 선택지 늘리기
  - 망했다고 가정하고 실패 사전 검시서 작성하기 등

■ 저자 소개
애니 듀크
펜실베이니아 대학교 대학원에서 인지심리학 석사와 박사과정을 밟았다. 씨티은
행, 메리어트 등 투자관리 컨설턴트 협회를 비롯해 유수의 기업 임원들을 상대로
의사결정 전략에 대한 강연과 컨설팅을 진행했다. 프로 포커 선수로 활동하는 동
안 400만 달러가 넘는 상금을 받았고 포커 월드시리즈 챔피언십과 NBC 내셔널
헤즈업 포커 챔피언십에서 모두 우승한 유일무이한 여성 플레이어다. 저서로 〈인
생을 운에 맡기지 마라〉 〈결정, 흔들리지 않고 마음먹은 대로〉가 있다.

기획안을 바탕으로 작성한 발언 내용

1. 책의 개요

"오늘 논의할 책은 다음과 같습니다. 제목이 말해주듯 어떻게 하면 현명하게 그만둘지, 소위 '손절'에 대해 자세히 이해하고 손절을 잘하는 방법까지 구체적으로 제시합니다."

➡ 책의 주제, 저자의 특징은 간단히 언급한다. 특히 제목을 읽지 않고 '다음과 같은 책'으로 요약했다.

➡ 자료를 읽지 않으면 내용을 이해할 수 없다는 무언의 메시지를 전한다.

2. 저자 소개

"저자 프로필은 뒤에 정리했는데요." (잠시 시간을 준다)

➡ '뒷 페이지'로 시선을 옮기게 유도하고, 확인할 시간을 준다.

"인지심리학 전문가이자 의사결정 전략가인데, 강연도 많이 하고 무엇보다도 '프로 포커 선수'라는 점이 흥미롭습니다."

➡ 이 자료에서 인상 깊었던 점을 '흥미롭다'라고 자신만의 관점을 담아 표현한다.

➡ 자료에 담지 못한 본인의 생각을 짧고 명확하게 전달함으로써 참가자들의 몰입도를 조금씩 높인다.

"그럼 이 책의 개요를 살펴볼게요." (잠시 고개를 들어 참가자들을 살피고)

➡ 다른 부분으로 넘어갈 때는 시간 여유를 충분히 둔다.

3. 차별점 정리

"그동안 우리가 노력, 끈기, 열정에 주목했던 것에 비해 이 책은 '제때 그만두고 다른 방향으로 바꾸는 것 역시 중요하다'는 점을 일깨웁니다. 흔히 우리가 손절이라고 표현하는 것에 대해 결정 전문가인 저자가 제안하는 내용을 보면, 보시는 바와 같이, 손절을 하거나 해야 하는 상황을 의사결정 과정 속에서 구체적으로 판단할 수 있도록 돕고 있고요.

어떻게 '빠른 포기'를 잘할 수 있을지 기술적으로 언급하고 있는데요.

➡ 기획안 순서대로 발표하지만, 강조할 부분만 언급하고 나머지는 참가자들이 자료를 읽으며 따라올 수 있도록 한다.

"저는 특히 이 부분, '목표 설정의 유연성'이라는 부분이 와 닿았어요. '그만둘 때를 정하는 자기만의 계약서 작성법' 같은 부분도요. 여러분들은 어떠신지 의견 주시면 좋겠고요." (참가자들이 생각할 시간을 잠시 주고)

➡ 자신의 의견과 감정을 설명해 참가자들이 어떤 부분을 중점적으로 의논하면 좋을지 미리 안내한다.

➡ 자료를 그대로 읽지 않고 자기 말로 적절히 바꾼다.

4. 차례 소개

"이번에는 차례를 같이 보겠습니다.

총 4장으로 구성되었고요. 그만두기를 어떻게 봐야 할지부터, 그만둘 때 생기는 손실에 대해 구체적으로 소개합니다. 다음 장에서는 그만두기 위한 구체적인 기술을 다루고요, 마지막으로 기회비용 측면에서 그만두기의 유용함을 소개합니다.

(참가자들이 차례를 좀 더 자세히 볼 시간을 주고)

➡ 자신의 의견과 감정을 설명해 참가자들이 어떤 부분을 중점적으로 의논하면 좋을지 미리 안내한다.

5. 정리 및 의견

"지금까지 간단히 〈QUIT: The Power of Knowing When to Walk Away〉를 살펴봤고요.

각자 의견을 말해주시면 좋겠습니다. 먼저, 저는 이 책이 새로운 방식으로 의사결정의 기준을 제시하게 해줘서 인상적이었는데, 여러분은 어떠세요?"

➡ 마무리 단계에서 처음으로 책 제목을 언급해 다시 한번 집중력을 높인다.

➡ 중요한 키워드를 중심으로 발표하되 같은 단어나 비슷한 표현을 반복하지 않고 자신의 입말로 바꿔, 발표자가 내용을 온전히 숙지하고 있음을 드러낸다.

송 사원의 발표용 자료에서 특별히 눈에 띄었던 점을 꼽아보자면 크게 다음과 같은 세 가지를 들 수 있을 것 같습니다.

1. 자료 전체를 읽지 않기

참가자들이 눈으로 함께 읽어야 할 내용과, 발표자가 말로 설명할 내용을 구분했습니다. 특히 참가자들이 회의 자료를 눈으로 읽는 점을 감안해 중요도 순으로 간단하게 언급했습니다.

2. 발표자의 감정과 생각 밝히기

발표자로서 자료에서 어떤 부분이 인상적이었는지, 자신의 감정과 생각을 적절히 드러냈습니다. 또한 발표 중간중간 참가자들이 어떻게 생각할지 고민할 시간을 주었습니다.

3. 참가자와 상호 작용하는 시간임을 드러내기

참가자들이 발표 내용을 따라가며 자신들의 생각을 정리할 수 있도록 해, 적극적인 의견을 내야 함을 효과적으로 알렸습니다.

어떠셨나요? 송 사원의 말하기 자료를 보며 '나도 저 정도로는 발표하고 있는 것 같은데?' 싶으신가요? 아님 '오, 발표를 하면서 회의 참가자들의 보이지 않는 적극적인 참여까지 유도하는 게 인상적이네?' 하고 느끼셨나요?

저는 여기에 더해서 송 사원이 손절, 기술, 프로 포커 선수 같은 핵심 단어를 발음하거나 밑줄 그은 곳을 언급할 때, 우리가 앞서 익혔던 모음 체조로 단련한 입술 주변 근육을 잘 활용하면 더욱 좋을 것이라는 점도 말씀드리고 싶습니다. 그렇게 한다면 분명 회의 참석자들은 송 사원의 발표에 더욱 주목할 테고, 송 사원은 또렷하고 분명한 인상을 받았을 거예요.

두 번째 실전, 매력까지 더하는 발표의 기술

이번에는 좀 더 복잡한 내용을 발표하는 상황을 가정해봅니다. 참가자가 최소 30명 이상이고, 발표 장소도 마이크를 써야 하는 넓은 회의실이라고 생각해볼게요. 우리 팀이 열심히 진행해온 업무 결과를 팀 대표로 발표하는 상황에서 어떻게 하면 좋을까요?

먼저, 지금까지 읽은 내용을 바탕으로 아래 사항에 유의합니다.

- 발표 시간에 맞춰 발표할 분량을 정한다
- 발표 때 활용할 말하기 자료를 구체적으로 작성한다
- 문장을 최대한 짧게 쓰고, 문단을 간결하게 구성한다
- 공간에 미리 익숙해지는 등 사전 준비를 한다

발표용 대본 잘 만드는 법

규모가 큰 행사에서 발표할 때 무엇보다 중요하게 생각해야 할 첫 번째 사항은, 정해진 시간을 정확하게 지키는 것입니다. 아무리 중요한 발표 내용도 한 장으로 정리할 수 있어야 하는 것과 마찬가지입니다. 시각 자료를 활용하거나 발표 자료를 참가자들에게 미리 공유할 경우, 말로 설명할 부분은 핵심 중의 핵심, 즉 발표 자료에서 가장 중요한 내용이어야 합니다.

이를 위해서는 구체적인 말하기 자료를 마치 대본처럼 만드는 것이 좋습니다. 발표 시간과 어휘까지 정확하게 고려해 대본을 작성하고, 최대한 안정적으로 발표하는 것이 좋습니다. 이때 문장이 복잡하거나 미사여구가 많으면 발표를 하면서 자신도 모르게 원고에 의존하게 됩니다. 그러면 자칫 발표 현장의 분위기를 살피거나 참가자들과 눈빛 등으로 교감할 기회를 놓칠 수 있으니 주의합니다. 원고는 최대한 단문 위주로 간결하게 작성해 현장에서는 분위기에 따라 설명을 보충하거나 생략하는 것이 좋습니다.

마지막으로 중요하게 고려할 사항 중 하나는, 발표자가 공간을 얼마나 장악할 수 있는가입니다. 이것은 발표자의 에너지가 여러 참가자에게 얼마나 다가갈 수 있는가의 문제이기도 합니다. 그래서 사전에 발표 공간에서 직접 연습하는 시간이 꼭 필요합니다. 이것이 어렵다면 해당 공간을 사진으로라도 확인하고 머릿속에서 충분히 구현하는 시간을 가져야 합니다. 참가자가 가득 찼을 때와 그렇지 않을 때를 예상해, 시선 처리 등도 미리 준비해야 합니다.

원고를 읽어야 할 때 vs 객석을 응시해야 할 때

원고를 가지고 발표할 경우, 시선을 어디에 두어야 할지 고민하기 마련입니다. 원고를 보자니 너무 자료를 읽기만 하는 것 같고, 참가자들을 보자니 내용을 모두 외워야 할 것 같은 부담감이 생깁니다.

한번 생각해볼까요? 참가자들은 발표자가 전문적이고 구체적인 내용을 소개할 것임을 이미 알고 있습니다. 그러니 발표자가 할 일은 자신이 설명할 내용을 정확히 잘 전달하는 것입니다. 그렇다면, 참가자들과 교감하며 말할 때와 원고를 바라보며 충실히 설명할 부분을 잘 구분하는 것이 좋습니다.

참가자에게 충분히 시선을 주어야 하는 부분에서는 원고와 '협력'하는 정도로 발표하는 것이 좋습니다. 대신 복잡한 설명이나 구체적 수치 등 참가자가 내용에 집중해야 하는 부분에서는, 원고를 보며 내용을 충실히 설명하는 것이 맞습니다.

이때, 기계적인 고갯짓을 하며 참가자와 원고 사이에 어중간하게 시선을 두는 것은 바람직하지 않습니다. 전달력도 떨어지고 참가자들과 제대로 교감이 되지도 않으니까요. 대신 참가자들이 내용을 잘 이해하고 있는지, 말하는 속도가 적당한지 확인하기 위해서 잠시 참가자들을 바라보는 건 좋습니다. 문장과 문장 사이, 단락과 단락 사이에 참가자들을 잠시 살피는 것이 가장 바람직한 태도입니다.

대개 발표의 시작과 끝에는 참가자와 적극적인 교감을 해야 합니다. 참가자 입장에서는 발표자가 누구인지, 어떤 내용을 발표할지 무척 궁금하거든요. 발표자는 이 궁금증을 적극적으로 해소해줄 의무가 있습니다. 나의 소속과 발표할 주제가 무엇인지, 반드시 참가자들을 바라보며 또렷한 발성과 정확한 발음으로 천천히 소개해야 합니다. 그래야 참가자들이 발표자에게 신뢰감을 느낄 수 있습니다. 발표자가 신뢰감을 얻은 상태에서 발표하는 것과 그렇지 않은 것에는, 이후 발표할 내용의 전달력 면에서 무척 큰 차이를 낳습니다.

발표를 모두 마친 뒤 마무리 발언과 마지막 인사를 할 때도 반드시 참가자들과 눈빛을 교환하며 정중하게 마음을 전해주세요. 원고만 쳐다보며 '들어줘서 고맙다'라고 인사를 해봤자, 참가자들은 아무런 감동을 느낄 수 없을 거예요.

발표를 할 때는 원고에 의존할 부분과 협력해야 하는 부분을 확실하게 구분하는 것이 좋습니다.

우선, 발표 내용 중 한 치의 오류도 없어야 하는 사실이나 정보를 설명할 때는 원고에 의존해야 합니다. 이때는 참가자의 이해를 돕기 위해 정확한 발음으로 천천히 설명하듯 발표하는 것이 좋습니다. 시각

자료가 있다면 시각 자료를 보여주고 좀 더 편안하게 보충 설명을 해주듯 말하는 것이 효과적입니다. 원고에 의존할 부분을 잘 발표한 후에는 참가자들을 바라보며, 그들이 내용을 잘 이해했을지 확인하는 차원에서 충분히 말을 쉬었다가 다음 발표를 이어가는 것이 좋습니다.

원고와 협력해야 하는 부분, 다시 말해 원고를 참고하되 가능한 발표를 듣는 청중과 최대한 교감해야 하는 부분은 발표자의 생각, 의견, 분석 등을 전하며 내용을 재차 강조하는 경우입니다. 이때도 원고에 너무 의존하며 내용을 읽기보다 참가자들의 반응을 살피는 것이 바람직합니다. 이때 주의할 점은 참가자의 반응을 살피겠다는 명확한 목적을 가지고, 그들과 시선 교환을 해야 한다는 것입니다. 원고에 시선을 두고 설명하다가 이때쯤 사람들의 반응을 살펴야겠다는 판단이 섰다면, 참가자들과 충분히 교감할 수 있도록 최소 2초 이상 관객석에 시선을 주어야 합니다. 무의미하게 관객석을 훑듯 기계적으로 시선을 움직여서는 곤란하다는 뜻입니다. 발표자의 의미 없는 시선 처리와 기계적인 고갯짓은 참가자들에게 오히려 방해가 된다는 점을 명심해 주세요.

이번에는 말하기입니다. 원고와 협력하면서도 말을 잘하려면 원고 내용을 정확히 파악하고 핵심 단어와 핵심 문장을 말할 때 참가자들을 바라보아야 합니다. 이것이 어렵다면 중요한 문장을 잘 읽고, 잠시 고개를 들어 참가자들의 반응을 살피고, 다시 원고를 보는 방법을 추천합니다. 이 모든 과정은 생각보다 좀 더 여유를 갖고 천천히 하는 것이 중요합니다.

그 누구도 발표자가 발표 중간에 1~2초의 여유를 갖거나 살짝 헤매는 것을 쉽게 눈치 채지 못해요. 참가자들과 눈을 맞추고 숨을 고르는 일을 불편하게 생각하지 말기를 바랍니다. 또한 발표 상황에서 돌발 상황이 생기거나 이유 없이 긴장감이 들 때는, 호흡을 정돈하거나 원고로 시선을 돌려 발표해야 할 말을 이어서 해주세요. 이때는 긴장한 마음이나 다른 생각이 끼어들 틈을 주지 말고, 앞에서 익힌 모음 체조를 기억하면서 입술 주변 근육의 움직임에 집중해, 해당 문장을 또렷하게 읽는 것에만 신경을 써주세요. 심리학자들에 따르면 우리 몸과 정신은 하나로 이어져 있어서, 대개 몸이 움직이는 대로 정신이 따라간다고 해요. 그러니 당황스러운 순간에 정신의 흔들림을 의식하는 대신, 나의 입술 주변 근육에 집중하면서 정확한 입 모양을 만들어 발음하는 행동은 생각보다 중요합니다. 사소한 것 같지만 이러한 작은 행동이 불안해진 마음을 다잡는 데 즉각적인 효과가 있으니 잘 활용해보세요.

발표할 때 여유가 생기는 3가지 팁

발표 준비를 철저하게 할수록 실전에서 여유를 가질 수 있습니다. 그렇지만 아무리 준비를 열심히 해도 당일에는 여러 변수가 생기기 마련입니다. 그러니 발표 준비를 철저하게 할수록 실전에서 여유를 가질 수 있는 건 당연하겠죠? 그렇다면 실제 발표 상황에서는 어떤 점을 유의해야 더욱 안정적으로 발표를 할 수 있을까요?

첫째, 발표 내용과 시각 자료가 잘 어우러질 수 있도록 콘티를 정확하게 준비합니다. 어느 멘트 끝에 화면을 전환할지 현장 스태프들과 상의하고, 직접 화면을 띄운다면 대본에 명확히 표시해, 발표할 때는 그 순간에 오롯이 집중하는 것이 좋습니다. 그러기 위해서라도 문장은 단문으로 간결하게 작성해, 원고를 보며 헤매지 않도록 합니다.

둘째, 낯선 공간일수록 긴장하기 쉽습니다. 그러니 시작 전, 해당 공간에 충분히 익숙해지는 것도 중요합니다. 자연스럽게 관객석을 바라볼 수 있도록 무대에서 직접 동선을 점검하는 것도 필요합니다. 사실 참가자가 한두 명이 아닌데 발표자가 다수의 참가자들과 교감하는 것이 현실적으로 가능할지 의구심을 가질 수도 있을 것 같은데요. 백 퍼센트 가능합니다. 물론 모든 참가자의 이목을 사로잡는 것이 쉬운 일은 아니지만, 발표자와 참가자들 사이에 교감하는 순간들은 분명히 있으니까요.

셋째, 당연히 발표자의 시선이 모든 참가자에게 가 닿을 수는 없습니다. 발표자가 보내는 진심 어린 눈빛에 몇 사람만 공감할 수 있어도 충분합니다. 또한 발표자 역시, 자신의 발표에 우호적인 반응을 보이는 참가자를 발견해 그들의 따뜻한 눈빛에 용기를 낼 수 있어야 합니다. 그래야 긍정적인 마음으로 주어진 시간 동안 최선을 다할 수 있습니다.

만약, 너무 긴장한 나머지 낯선 사람들과 눈빛을 주고받으며 발표를 이끌어갈 자신이 없다면 동료들의 도움을 받는 것도 좋습니다. 나의 발표를 듣고 공감하며 용기를 북돋아줄 동료들을 곳곳에 배치해, 그들과 눈빛을 주고받으며 발표를 이어갑니다. 그러면 다른 사람들도 발표자가 자신을 바라보고 있다는 인상을 받아, 발표자와 충분히 교감하고 있다고 느낍니다.

발표 하루 전날, 이것만은 꼭!

중요한 발표를 하기 전날, 대부분의 사람들은 내용을 정리합니다. 인사말부터 마지막 감사 인사까지 마치 대본처럼 쓰는 사람도 있고, 키워드를 중심으로 대략의 흐름만 잡는 사람도 있지요.

정답은 없습니다. 본인에게 맞는 방식대로 익숙하게 만드는 것이 중요하죠. 참고로 저는 발표의 성격과 주어진 시간, 현장감 등을 고려해 그때그때 다양한 방식으로 정리합니다.

말 한마디, 문장 하나도 실수하지 말아야 하는 발표라면 완벽한 원고를 작성합니다. 시간을 칼같이 지켜야 하는 발표도 마찬가지예요. 미리 작성한 내용을 바탕으로 실제로 시간을 재며 연습합니다. 참가자들과 나 사이의 교감이 중요하거나 주어진 시간 내에서 어느 정도 재량껏 융통성을 발휘할 수 있는 발표라면, 조금 헐렁한 원고를 준비합니다. 핵심어를 중심으로 발표 순서 정도를 머릿속에 구성하지요. 발표 내용에 현장 상황이 녹아드는 것이 중요한 경우라면 자료 곳곳에 상대적으로 여백을 둡니다.

어떤 방식으로 자료를 준비하더라도 무엇보다 중요한 것은, 어떠한 문장이나 문단에도 나를 가두지 말아야 한다는 점이에요. 저는 발표 내용을 완전히 외워야 한다는 강박을 '가둔다'라고 표현합니다. 공적인 말하기에서 우리가 말할 내용을 완벽하게 외워야 하는 상황은 그리 많지 않아요. 문장이나 구체적인 사안을 달달 외우기보다는, 발표의 흐름을 머릿속에 그려 넣는 작업을 열심히 하는 것이 훨씬 효과적입니다. 그래야 발표 상황에 더욱 몰입할 수 있으니까요.

한 가지 더 당부하고 싶은 것이 있습니다. 내가 발표하는 모습을 꼭 구체적으로 상상해보세요. 나는 그동안 공적인 상황에서 말을 잘하기 위한 기초 체력을 튼튼하게 길러왔다는 사실을 기억하고, 열심히 이 시간을 준비해왔다고 스스로를 격려하세요. 이러한 마음으로 무대 위에서 당당하게 발표하는 나의 모습을, 관객석에서 바라보는 상상도 해보세요. 발표할 때 내 시야에 들어올 참가자들을 상상해보는 것도 좋습니다. 운동선수나 예술가들은 이런 과정을 '멘탈 리허설'이라 부르는데, 발표를 할 때도 꽤 유용합니다.

깔끔한 발표를 넘어 감동까지 전하는 감성적 어휘의 힘

공적인 말하기를 할 때는 '유익하다', '도움이 되었다', '새로운 지식을 배웠다'와 같은 피드백을 받는 것을 목표로 하는 경우가 일반적입니다. 하지만 현실적으로는 딱딱하고 지루하게 들릴 가능성이 높지요. 전문 강연자가 하는 강연이 아닌 이상, 조직에서 일반적으로 하는 발표는 주제 자체가 재미있거나 흥미진진한 경우는 드무니까요.

　그렇다고 우리가 하는 발표가 매번 그렇게 건조하고 따분한 것이 당연할까요? 그렇지 않습니다. 오히려 우리의 발표를 듣는 사람들이 발표에서 재미를 기대하는 정도가 낮다는 점을 활용해볼 수 있습니다. 개그맨처럼 치열하게 머리를 짜낼 필요 없이 정서적으로 환기할 만한 포인트 한두 개를 준비하는 것만으로 우리가 하는 발표에 충분히 재미와 감동을 더할 수 있습니다. 무엇보다도 발표하는 우리 스스로의 긴장감을 낮추거나 그 상황에 더욱 몰입할 수 있습니다.

이와 관련해 제가 경험한 잊지 못할 에피소드를 하나 소개할게요. 한국과 북유럽 수교 50주년을 맞아 현지 3개국을 방문해, 우리나라의 한복과 다례 문화를 소개하는 무대 행사를 진행한 적이 있습니다. 저로서는 긴장감이 꽤 컸던 행사였습니다. 영어로 행사를 진행해야 한다는 부담감과, 무대에서 펼쳐지는 한복 패션쇼와 다례 시연 상황에서 여러 출연자와 호흡을 잘 맞추어야 했거든요. 무대 위 스포트라이트가 켜지고 제가 등장해서 첫 멘트를 시작하려던 순간이었습니다.

입을 떼고 "Ladies and Gentle……"까지 말을 하는데, 관객석 어디선가 "아앙" 하는 아이의 울음소리가 적막한 공기를 뚫고 크게 들려왔습니다. 짐작하건대 아이와 함께 자리한 어른은 적잖이 당황해 아이를 달래느라 정신이 없는 것 같았습니다. 잔뜩 긴장했던 저 역시 순간 놀라긴 했지만, 잠시 숨을 고르고 의례적인 인사말에 한 단어를 추가해 말을 이었습니다.

"Ladies and Gentle……men, and Babies!"

순간 관객석에서 웃음이 터졌고 아이도 자기를 호명하는 것처럼 느꼈는지 울음을 그쳤습니다. 저 역시 다시 여유를 찾고 진행을 이어갈 수 있었지요.

길지 않아도 좋아요. 발표의 시작이든 중간이든 끝이든, 조금은 색다른 방식으로 언급한 한마디가 우리의 발표를 돋보이게 할 수 있고, 발표를 하는 스스로에게 용기를 주기도 합니다.

나아가 우리 뇌는 감정적이라는 사실을 기억하면 좋습니다. 발표자에게 집중한다는 것은 매우 '감정적인 행위'이니, 사람들이 나에게 집중하게 만들려면 그들의 감동을 이끌어낼 수 있어야 합니다.

가장 좋은 방법은 발표 시작 때 참가자들에게 세심하고 짤막한 인사말을 건네는 거예요. 이 한마디가 나와 참가자들 사이의 주파수를 맞춰줄 수 있습니다. 참가자들은 발표자가 자신들을 잘 안다고 생각해 친근함을 느낄 수 있고, 발표자는 참가자들의 호응을 보며 에너지를 얻을 수 있어요. 그날의 날씨든 현장 분위기든, 지금 공유하고 있는 시간과 공간을 구체적으로 묘사하는 것도 도움이 됩니다. 발표자 못지않게 발표를 듣는 사람도 많은 에너지를 소모하고 있음을 이해하고, 잠시 여유를 느낄 수 있는 시간을 만들어주세요.

발표 내용을 전환할 때도 발표자와 참가자 모두 쉬어갈 수 있는 시간을 반드시 만들어보세요. 주제를 너무 갑자기 바꾸거나 엉뚱한 말로 집중력을 떨어뜨리지 않도록 하면서, 지금까지 발표한 내용을 잘 이해했는지, 말하는 속도는 적당했는지 사람들의 반응을 살피는 정도면 충분합니다. 혹시 참가자들 중에 지쳐 보이는 이들이 있다면, 주제와 관련해 스몰토크를 하거나 지금까지 발표한 내용을 간략하게 한번 정리해주는 것도 좋아요.

마지막으로, 발표를 마칠 때는 경청해준 이들의 수고를 진심으로 이해하고 감사를 표하는 걸 잊지 마세요. 조금만 더 욕심을 내자면, 이날의 발표 중 가장 핵심이 되는 내용을 조금 감성적인 어휘로 한 번 더 언급해주어도 좋습니다. 예를 들면 이렇게요.

"지금까지, 공적인 말하기 상황에서 활용하면 좋을 '정서적 어휘의 힘'에 대해 말씀드렸습니다. 눈을 반짝이면서 집중해주셔서 정말 고맙습니다."

세 번째 실전, 전화 통화가 무섭지 않은 비대면 소통의 기술

어느새 우리는 말보다는 문자로 하는 소통을 선호하게 된 것 같습니다. 다양한 이유가 있겠지만 목소리를 활용하는 것보다 손가락으로 활자를 입력하는 것을 좀 더 편리하고 안전(?)하게 여긴다는 이야기를 듣고, 처음에는 정확히 무슨 의미일까 싶었지만, 한편으로는 자연스레 공감이 되기도 했습니다. 우리 말소리에 담기는 다양한 정보를 우리 스스로 실감하고 있다는 의미이기도 하고, 그것을 다른 이에게 드러내는 상황이 신경 쓰인다는 뜻으로도 이해하게 되었지요.

이러한 변화의 부작용인지는 모르겠으나, 적지 않은 사람들이 메신저나 이메일로는 소통을 잘하는데 전화 통화를 어려워하는 경우가 굉장히 많습니다. 얼굴을 보지 않고 실시간으로 대화하는 것이 어색한데다, 상대방이 예상치 못한 말을 할 경우 어떻게 해야 할지 몰라 굉장히 스트레스를 받는다고요.

직접 얼굴을 보고 대화하는 것보다는 오히려 전화 통화가 낫다는 사람들도 있고 그 반대인 사람도 있습니다. 둘 다 부담스럽고 그냥 메신저로만 소통했으면 좋겠다는 사람들도 있고요. 지금은 글만으로도 의사소통을 충분히 할 수 있는 시대이니 저 역시 공감이 됩니다. 그런데 이런 마음을 다르게 생각해보면, 역시 말의 힘이 글의 힘보다 즉각적이고 강력하다는 의미가 되지 않을까요? 또한 많은 사람들이 부담스러워하는 일을 잘 익혀 자유자재로 활용할 수 있다면, 공적인 관계에서 또 하나의 경쟁력을 갖추는 셈이 되지 않을까 싶은 생각도 듭니다.

먼저, 전화 통화를 하기 전에 우리가 할 일은 용건 정리입니다. 전화를 거는 목적, 상의할 내용 등을 간략히 정리한 후 전화를 걸고, 통화를 시작할 땐 상대방이 나를 보고 있다고 착각할 정도로 자신의 소속과 이름을 또렷하게 밝힙니다. 대화를 할 때 최대한 바른 자세를 유지한다면, 수화기 너머로도 또렷하고 분명한 발성으로 나의 메시지를 전달할 수 있습니다.

용건을 밝힐 땐 짧고 명확하게 말합니다. 확인하거나 상의할 내용이 많다면, '저기 혹시…', '가능하시다면'과 같은 꾸밈말이나 부사어를 지나치게 쓰지 않도록 주의합니다. 굳이 쓰지 않아도 되는 말을 마치 윤활유처럼 습관적으로 쓰는 경우가 많은데, 그리 바람직하지 않습니다. '이게', '그게' 같은 대명사도 가급적 줄입니다. 듣기에 집중해야 하는 사람에게 맥락을 짐작하며 이해하게 만드는 것은 옳지 않습니다. 같은 말을 반복하더라도 내가 무슨 말을 하고 있는지 제대로 언급하는 게 좋습니다.

상대방이 말한 내용을 내가 제대로 듣고 이해했는지 확인하는 과정도 필요합니다. 특히 중요한 내용은 상대방이 한 말에서 핵심어 위주로 다시 확인하거나, 상대방이 한 말을 그대로 인용하며 확인하는 것이 좋습니다. 이렇게 무사히 통화를 마쳤다면, 정중하게 감사 인사를 한 후 충분한 여유를 두고 통화를 종료합니다.

코로나19가 급속도로 바꾼 변화 가운데 회의 방식을 빼놓을 수 없습니다. 특히 줌이나 구글밋 등을 활용한 화상 회의가 아주 자연스럽게 회의 형식의 하나로 자리 잡았죠.

화상 회의를 할 때는 무엇보다 사전에 기기 점검을 잘해야 합니다. 화면 너머에 있는 여러 사람들의 시간을 나 하나의 부주의 때문에 낭비하는 일이 없어야 합니다. 오디오, 비디오가 제대로 설정되어 있는지 반드시 미리 확인합니다. 회의 시작 후 마이크를 건드리거나 화면을 들여다보며 잘 들리고 보이는지 확인하는 순간, 자신의 전문성과 신뢰감이 뚝뚝 떨어진다고 생각해도 무리가 아닙니다. 만약 자신이 호스트라면 회의 시작 직후 인사말이나 스몰토크로 잠시 시간을 끌면서 참가자들이 각자 기기 점검을 마칠 수 있도록 배려합니다.

마지막으로, 발언하는 사람에게 예의를 갖추기 위해서라도 카메라를 정확하게 바라봅니다. 화면을 눈썹 위로만 비추거나 다른 사람이 발언할 때 카메라를 끄는 행동은 절대 하지 않습니다. 화상 회의에서는 카메라가 상대방의 눈이라고 생각해야 합니다.

앞으로도 비대면 회의는 더욱 많아지겠지요? 화면으로 만났을 뿐인데 상대방이 나를 실제로도 꼭 만나 대화해보고 싶은 마음이 들게 하는 것을 목표로 삼으면 좋겠습니다. 그래야 회의 형식과 상관없이 우리의 능력과 호감도가 더욱 높아질 테니까요.

네 번째 실전, 경쟁적 의사소통의 끝판인 토론

공적인 말하기의 여러 유형 중에 우리나라 사람들이 가장 어렵고 불편해하는 것이 무엇일까요? 저는 토론이라고 생각합니다. 오래전부터 방송을 통해 정치인들이 상대방의 말을 끊고 자기 말만 하는 모습을 보아서인지, 토론은 말싸움이라는 인식이 있는 것 같아요. 그러다 보니 조직에서도 토론을 하게 되는 상황 자체를 부담스러워하는 듯합니다. 다양한 의견을 주고받아 생산적인 결과를 이끌어내는 '업무'가 아니라, 결국 목소리 큰 사람이나 상급자가 원하는 대로 결론을 내리는 자리 정도로 여기는 것 같거든요.

물론 대부분의 사람들은 의견이 부딪치는 순간을 최대한 피하고 싶어 합니다. 갈등이나 의견 충돌이 없어야 사회생활을 잘하는 사람이라고 생각하지요. 상사와 의견 차이로 대립하는 일 따위는 만들면 안될 것 같기도 합니다. 상사에게 최대한 맞추는 것이 일단은 편한 것도 사실이고요.

그럼, 공직인 말하기에서 토론할 일이 생길 땐 어떻게 해야 할까요? 토론=말싸움이라는 인식이 있는 우리나라에서는, 우리가 이기나 저쪽이 이기나 하는 상황으로 받아들이기 쉽습니다. 이겨야 한다고 생각하니 다른 사람의 말을 '틀린' 것으로 만들어야 직성이 풀립니다. 기선 제압을 해야 하니 토론 과정에서 상대방이 하는 말을 '묵묵히 들어주면' 안 되고요. 이런 과정이 성가시고 불편하니, 대부분은 토론할 상황을 피하기 급급합니다. 그러고는 상대방이 자기 생각을 제대로 이해하지 못한다고 답답해하거나, 여기저기 불평을 토로합니다. 어느 쪽도 바람직하지 않죠. 그러니 먼저, 이 책에서는 토론에 대한 오해를 풀어보겠습니다.

어떤 문제에 대해
여러 사람이 각각 의견을 말하며 논의함

토론의 사전적 정의입니다. 어디에도 '싸움'이나 '이기고 짐'을 의미하는 설명은 없지요. 하지만 토론을 좁은 의미로 해석하면 특정한 가치나 사상, 이론이나 정책, 사실이나 의견 등을 논제로 서로를 설득하는 말하기 과정이라고도 이해할 수 있습니다. 그러니 그 과정이 경쟁적, 비판적, 공격적인 것도 사실이지요. 그래서 토론을 할 땐 비교적 엄격한 규칙과 절차를 지켜야 합니다.

어린 시절부터 일상에서 토론을 다양하게 경험해보지 못한 우리에겐, 토론이 낯설 수밖에 없습니다. 무엇보다도 토론은 수평적인 관계에서 의견을 나누는 활동인데, 우리는 수평적인 관계에서 공적인 말하기를 했던 경험이 많지 않아요. 직급과 서열로 이루어진 조직 안에서는 더더욱 그러합니다. 어린 시절부터 미디어로 접한 토론 역시 등수나 점수를 매기는 대회 형식으로 진행되다 보니, 토론의 목적보다 토론의 기술이나 소위 '말빨'을 익히는 데 치우치기 쉬웠습니다.

사회적으로도 토론은 선거철에 주로 진행되거나, 입장이 첨예하게 갈리는 이슈에 대해 전문가들이 각자 자기 의견을 제시하는 정도로 활용되었습니다. 토론 방송을 보아도 상대방을 향한 자극적인 공격과 다툼이 더 많이 부각되다 보니, 우리에게 토론은 하기 싫고 외면하고 싶은 '피곤한 말싸움' 정도로 인식되는 것이 사실입니다.

토론은, 의외로 유용한 의사 결정 수단

그런데 토론은 조직에서 활용할 가치가 제법 높은, 훌륭한 의사소통 수단입니다. 특히 조직에서 최선의 의사결정을 내리기 위한 소통 방식의 하나로 토론을 적극 활용한다면 정말 좋은 성과를 낼 수 있다고 생각합니다.

세상 어떤 의사결정도 절대적으로 완벽하기는 어렵습니다. 그저 주어진 여건 속에서 최선의 선택을 하는 과정이 필요하지요. 그러니 조직에서 토론을 적절하게 활용할 수 있다면 선택을 해나가는 과정에서 구성원들의 적극적 참여와 다양한 의견을 충분히 모을 수 있습니다. 물론 이러한 결과를 내기 위해서는, 구성원 각자가 생각의 지평을 넓혀 최선의 의사결정을 내리는 활동으로 토론에 임해야 하고요. 찬반 대립을 통해 각자의 의견이 가진 장단점을 확인하고 보완하는 과정으로 토론을 활용할 수 있어야 합니다. 단순히 내 의견을 피력하기 위한 것이 아니라, 오히려 상대방의 주장을 통해 내 의견의 허점을 찾아낼 수 있는 유용하고 고마운 활동으로 이해해야 합니다.

토론을 통한 의사결정을 위해서는, 무엇보다도 토론이 그 어떤 공적 말하기보다 경쟁적인 의사소통 방식이라는 것을 인정해야 합니다. 직급, 부서, 나이 등으로 발언권에 차이를 두어서는 안 됩니다. 명확하게 논제를 설정하고, 규칙과 절차에 따라 찬반 의견을 나눌 수 있어야 합니다. 이 과정에서 토론 참가자들은 수평적인 관계에서 논제를 중심으로 주장을 펼치고 설득할 수 있어야 하고요. 토론에서 한 발언 때문에 나중에 불이익을 받거나 부당한 처우를 당한다면 토론을 할 이유가 없습니다.

마지막으로 토론은 어떠한 말하기보다 지적, 논리적 경쟁을 우선시하는 말하기라는 점을 명심해야 합니다. 쟁점에 대한 충돌이 있을 때 상대방이 제시하는 근거와 논거를 비판할 수는 있어도, 절대 그 사람을 비난해선 안 됩니다. 개방적인 마음, 예의와 존중의 태도를 갖추고 논리로 제압해야 합니다.

감정은 가라앉히고 논리는 세우자

말하기는, 말하는 사람과 듣는 사람 사이에 끊임없이 심리적 상호작용이 일어나는 활동입니다. 생각이 다른 사람들이 대화하는 과정에서는 경쟁심이나 분노 같은 격렬한 감정이 얼마든지 생길 수 있습니다.

토론은 생각이 대립하는 양측이 논리적으로 대결하는 말하기 활동입니다. 그래서 토론을 할 때는 비교적 엄격한 규칙과 절차를 따라야 합니다. 사회자의 안내에 따라 주장을 말하고, 상대방의 발언을 듣고, 질문하고 답하는 이유는 형식과 절차를 따름으로써 최대한 감정적으로 동요하는 상황을 차단하고 말하는 내용 자체에 집중할 수 있도록 하기 위해서입니다. 이해를 돕기 위해 최 팀장의 사연을 따라 가볼게요.

본부장 최 팀장, 혹시 '아마존 프라임' 론칭 과정에 대해 들어봤어요?

최 팀장 네, 1년 정도 걸릴 것으로 예상했던 프로젝트를 제프 베이조스가 석 달 만에 완성시켰다는 사례를 말씀하시는 거죠?

본부장 맞아요, 정확하게는 5개월인데, 《순서파괴》에도 다양한 사례가 나와 있더군요. 지난번 임원회의 때 우리 조직에도 효율성 향상 측면에서 적용할 만한 게 있을지 검토해보자는 의견이 나왔어요. 전략기획팀에서 한번 살펴보고 보고해주세요.

논제와 토론 방식 정하기

최 팀장은 본부장의 지시를 받고 아마존의 독특한 기업 문화 중 하나로 손꼽히는 '팀 간 소통 줄이기'에 대해서 팀원들과 토론을 하기로 했습니다.

논제는 '의사결정의 효율성을 높이기 위한 팀 간 소통 줄이기'입니다. 4명의 팀원이 각각 2인 1조가 되어 찬성과 반대 입장을 대변하게 되었습니다. 다른 팀원들은 참가자의 입장에서 어느 쪽 의견이 좀 더 설득력이 있는지 판단하기로 했고요.

전략기획팀 토론 계획

- 논제: 아마존의 '팀 간 의사소통 줄이기' 전략이 업무 효율성 제고 차원에서 우리 회사에 적용 가능한가
- 긍정 측: 관련 전략이 도입되어야 한다
- 부정 측: 관련 전략이 도입되어서는 안 된다
- 토론 방식: 퍼블릭 포럼 디베이트
- 논제 채택 여부: 두 팀의 토론 내용과 주요 쟁점, 투표 결과를 바탕으로 임원 회의 때 보고한다

논제란 '토론에서 논하는 내용'을 뜻합니다. 사실관계를 다루는 사실 논제, 가치 판단을 다루는 가치 논제, 집단의 의사결정을 통해 추진할 제도나 규율을 뜻하는 '정책 논제' 등으로 나눌 수 있지요. '아마존의 팀 간 의사소통 전략을 우리 회사에도 적용할 것인가'는 정책 논제에 해당합니다.

토론 방식은 시간과 절차를 명확하고 엄격하게 구분하는 '아카데미식 토론'과 '자유 토론'으로 주로 구분합니다. 아카데미식 토론은 절차가 명확한 만큼 발언 순서와 시간이 정해져 있어요. 자유 토론은 사회자의 진행 능력에 따라 토론자의 발언에 편차가 생길 수 있고, 사회자에게 좀 더 의존적입니다.

최 팀장은 찬반에 따른 교차 검증이 더욱 중요하다고 생각해, 사회자의 역할을 최소화하고 싶었습니다. 따라서 아카데미식 토론 방식대로 진행하기로 했습니다.

아카데미식 토론 방식은 크게 두 가지로 구분됩니다. 정책 논제를 다루기에 적합한 세다CEDA식 토론과 퍼블릭 포럼 디베이트Public Forum Debate 방식입니다. 세다식은 교차 조사 토론협회Cross Examination Debate Association의 토론 방식으로, 반대 신문식 토론이라고도 불리며 상대방의 발언을 검증하는 '교차 조사' 시간을 두는 것이 특징입니다. 퍼블릭 포럼 디베이트 방식은 미국 디베이트 협회 중 하나인 NSDANational Speech and Debate Association에서 만든 토론 방식으로, 아카데미식 토론과 자유 토론을 적절히 혼합한 형태입니다.

최 팀장은 양측의 주장을 듣고 교차 질의를 하되, 다른 팀원들도 자유롭게 질문할 수 있도록 퍼블릭 포럼 디베이트 방식을 택했습니다.

퍼블릭 포럼 디베이트 방식

순서	먼저 발언	나중에 발언
1	토론자1 입론 (4분)	
2		토론자1 입론 (4분)
3	각 토론자1 교차 질의 (3분)	
4	토론자2 반론 (4분)	
5		토론자2 반론 (4분)
6	각 토론자2 교차 질의 (3분)	
7	토론자1 요약 (2분)	
8		토론자2 요약 (2분)
9	전원 교차 질의 (3분)	
10	토론자2 마지막 집중 발언	
11		토론자2 마지막 집중 발언

이번에는 해당 논제에 찬성하는 팀원 A, B와 부정하는 팀원 C, D의 사전 작업을 함께 살펴보겠습니다.

쟁점을 구체화하기

• 논제

업무 효율성을 높이기 위해, 아마존의 '팀 간 의사소통 축소' 전략을 우리 회사에도 적용해야 한다.

• 쟁점

1. 팀 간 의사소통을 줄인다는 것이 구체적으로 무엇을 의미하며, 아마존의 해당 전략이 업무 효율성 제고에 실제로 도움이 되는가?
2. 우리 회사의 업무 효율성은 어떠한가? 어떤 문제점이 있고 얼마나 심각한가? 앞으로 얼마나 부정적인 영향을 미칠 것으로 예상되는가?
3. 아마존의 전략을 우리 회사에 적용할 수 있는가?
4. 아마존의 전략을 도입할 경우, 우리 회사의 효율성 문제를 개선할 수 있는가?
5. 새로운 전략을 도입하는 데 드는 비용은 어떻게 마련하고 그 효과는 어떻게 측정할 것인가?

양측은 위와 같이 논제와 쟁점을 정리했습니다. 정책 논제는 당위적이고 분명하게 제시해야 양측 입장을 명확히 구분할 수 있기에, '해야 한다'라고 표현합니다.

쟁점은 양측의 주장에서 충돌이 생기는 지점을 뜻합니다. 쟁점을 어떻게 풀어가느냐에 따라 양측 중 어느 쪽의 의견을 수렴할지 결정됩니다. 특히 정책 토론에서 쟁점을 정리할 때는 다음과 같은 주요 기준을 따릅니다.

첫째, 개념을 최대한 명확하게 정리합니다. 논제에서 제시한 개념을 어떻게 정리하고 이해할지에 따라 논제 수용 여부가 달라집니다.

둘째, 정확한 현황 분석이 필요합니다. 현황을 어떻게 분석하고 해결책을 제시하는가에 따라 논제 채택 여부가 결정되기 때문에, 현실을 정확하게 파악하는 것이 중요합니다.

셋째, 논제에서 밝힌 정책이 실현 가능한지 다각도로 따져보아야 합니다.

넷째, 이 정책이 실제로 조직의 문제를 해결하거나 개선할 수 있을지 검토합니다.

다섯째, 해당 정책을 도입하는 데 드는 비용과 효과를 고려합니다.

위의 내용을 바탕으로, 이제 본격적으로 토론 준비를 시작합니다.

자료 조사 및 자료 이해

- 아마존의 경영 전략을 다룬 책과 연구, 언론 기사들을 살핀다.
- 실제 아마존 근무자 또는 유경험자를 수소문해 관련 사례를 수집한다.

- 우리 회사의 업무 효율성을 판단할 자료를 조사한다.
- 아마존과 우리 회사의 업무 프로세스별 유사점과 차이점을 정리한다.

논제 정의 및 범위 이해하기

- 아마존이 채택한 방식은 구체적으로 어떤 방식인가?
- 업무 효율성 측면에서 효과를 분명하게 입증할 수 있는가?
- 우리 회사에 적용 가능한가?

대립하는 주장 및 가치 확인

- 우리 주장과 대립하는 주장은 무엇인가?
- 그 주장에 대한 근거는 무엇인가?
- 그 주장에 대한 근거와 논거가 설득력이 있는가?

입론* 준비하기

- 찬반 여부를 명확히 하고, 그 입장을 지지하는 근거를 준비한다.
- 토론의 배경과 논제의 개념을 정리한다.
- 위의 사항들을 준비하며 주장을 고른다.

---

* 논제에 대한 토론자의 기본 입장

- 주장의 근거를 최대한 다양한 관점에서 준비한다.
- 논제에 대한 의문을 해소할 수 있도록 발제 내용을 정리한다.
- 두괄식으로 최대한 쉽게 글을 구성해, 청중의 이해를 높인다.

질문과 반론 준비하기

- 상대방이 제시하는 의견을 반박하고 우리 측 주장을 강화하기 위한 시간으로 이해한다.
- 교차 질의와 반론을 하기 위해 상대방의 주장과 근거를 다각도로 검토, 검증한다.
- 예상 질문을 미리 구체적으로 준비하되, 토론 시 상대방의 입론을 주의 깊게 듣는다.
- 반론 시 논점이 흐려지지 않도록, 논제를 점검하고 쟁점을 다시 한번 숙지한다.
- 상대방의 질문과 나의 답변, 나의 질문에 대한 상대방의 답변 등을 빠뜨리지 않고 기록한다.

어떤가요? 얼핏 복잡해 보이지만 찬찬히 살펴보면 알아둘 만한 내용이 제법 많습니다. 당장 회사에서 이렇게 토론까지 할 일이 없다 해도, 공적인 자리에서 토론 잘하는 법을 알아두면 굉장한 경쟁력을 갖출 수 있지 않을까요?

다섯 번째 실전,
밀고 당기는 협상의 달인이 되는 법

협상가라 하면 어떤 사람이 떠오르나요? 보통 인질극을 벌이는 범죄자와 고도의 심리전을 벌이며 대화를 시도하는 전문가를 떠올리는 경우가 많습니다.

협상은 '어떤 목적에 부합하는 결정을 하기 위해 여럿이 함께 의논하는 일'을 말합니다. 우리가 일반적으로 느끼는 무게감에 비하면, 의미가 조금 다르죠. 협상은 어떤 목적을 가지고 양측이 서로의 이해관계를 살펴 결정을 내리는 일련의 활동입니다. 그런 의미에서 우리는 모두 각자의 영역에서 매일 매 순간 크고 작은 협상을 하는 협상가라 할 수 있습니다. 그러니 협상을 잘한다는 건, 결국 설득을 잘한다는 의미이기도 하지요.

《설득의 심리학》을 쓴 심리학자 로버트 치알디니는 "100퍼센트 확실한 설득 비법은 존재하지 않으며 다만 설득의 가능성을 높이는 몇 가지 방법이 존재할 뿐"이라고 겸손하게 설명합니다. 치알디니를 비롯한 많은 학자가 설득의 가능성을 높이는 기법을 정리했는데, FITD Foot-In-The-Door 기법, DITF Door-In-The-Face 기법, 로우볼 Lowball 기법 같은 전통적인 방식부터 비교적 최근에 등장한 JOM Just-One-More 기법, RB Refuse, But 기법까지 다양합니다. 심리학과 커뮤니케이션학이 어우

러진 다양한 설득 기법, 협상 기술을 소개하는 책들이 많으니 관심 있는 분들은 관련 책들을 탐독해보길 권합니다.

저는 이러한 기법과 기술 등을 적용할 때 주의해야 할 말하기에 좀 더 집중할게요. 협상과 설득 기술을 다룬 다양한 책을 공적인 말하기의 관점에서 읽어온 저로서는, 크리스 보스가 쓴《우리는 어떻게 마음을 움직이는가》에 특히 공감할 수 있었습니다. 이 책에서 중요하게 다룬 대니얼 카너먼의《생각에 관한 생각》역시 말하기 관점에서 협상의 다양한 측면을 들여다볼 수 있게 해준 책입니다.

제가 이 두 책을 특별히 언급하는 이유를 잠시 소개할게요. 허브 코헨의《협상의 기술》과 로저 피셔와 윌리엄 유리 등이 함께 쓴《Yes를 이끌어내는 협상법》은 제가 아나운서가 된 지 얼마 되지 않았을 때 읽은 설득 관련 책입니다. 제게는 일종의 설득 교과서처럼 다가왔는데요. 특히《Yes를 이끌어내는 협상법》에서 밝힌 다음 네 가지 기본 원칙은 밑줄을 그으며 꼼꼼하게 읽었던 내용입니다.

- 협상을 할 때 감정과 문제를 분리할 수 있어야 한다.
- 상대방의 요구나 입장이 아닌, 상대방의 '이해관계'에 초점을 맞춰 그가 정말로 원하는 것이 무엇인지 찾을 수 있어야 한다.
- 서로에게 이익이 되는 선택지를 만들기 위해 협력해야 한다.
- 해결책이 실행 가능한지 여부를 평가할 수 있는 합의 기준이 있

어야 한다.

관심사가 다를 경우, 같은 책을 읽어도 서로 다른 관점으로 내용을 받아들이는 경우가 종종 있지요. 저는 대부분의 책을 읽을 때 이 내용이 공적인 말하기 상황에서 어떤 도움이 될지 살피는데요. 처음 이 네가지 원칙을 접했을 땐 아무리 생각해도 실제 대면 상황에서 어떻게 실천해야 할지 구체적으로 감을 잡기가 어려웠습니다.

그런데 크리스 보스는 마치 저에게 해답을 주는 것 같았어요. 그는 20년 이상 FBI에서 활동하며 인질 협상 분야에서 명성을 얻었고, 10년 넘게 협상 강의를 했으며 협상에 특화된 컨설팅 활동도 하고 있습니다. 크리스 보스에 따르면 FBI는 1994년부터 요원들을 '공감 전문가'로 키워냈습니다. 이들을 훈련하는 데는 현장 경험뿐만 아니라 심리학, 상담학, 위기 상황 개입 시 필요한 지식 등도 포함되었습니다. 알고 보니 크리스 보스의 등장 이전에 FBI에서 가르친 협상 기술이, 바로 제가 밑줄을 그으며 읽었던 1980년대의 협상 원칙이었던 것입니다. '합리적인 행위자'들이 '협력적 관계'에서 문제를 해결하기 위해 협상에 나설 때 유효하게 활용한 원칙인 거죠.

그러나 이 원칙들을 납치범과의 협상에서는 적용할 수 없었답니다. 크리스 보스는 "자신을 구세주로 생각하는 사람을 상대로 쌍방에게 유익한 '윈윈 전략'을 어찌 마련할 수 있겠냐"며 실제 현장 이야기들을 전합니다. 그는 특히 대니얼 카너먼과 같은 행동경제학자들이 연구한 수많은 연구 사례를 다양한 협상 현장에서 유용하게 활용할 수 있었다고 했습니다. 그의 정리 덕분에 저 역시 고맙게도 협상에서 유용하게 활용할 수 있는 말하기 사항을 점검하게 되었고요. 이제 그 내용들을 하나씩 정리해보겠습니다.

감정과 생각에 정확하게 라벨 붙이기

일단 협상은 상대방을 협상의 주체로 인정하는 것에서 시작해야 합니다. 협상은 개인 대 개인의 관계에서 진행할 때도 있지만, 공적인 영역에서는 각 주체를 대표하는 사람들이 주도하는 경우가 많습니다. 따라서 협상을 시작할 때는 서로의 대표성을 인정하고 존중한다는 의사를 먼저 표현하는 과정이 필요합니다. 그리고 이 단계에서 무엇보다도 상대방의 감정을 정확한 어휘로 정중하게 표현할 수 있어야 합니다.

크리스 보스는 이와 관련해 다양한 협상 현장에서의 경험을 소개합니다. 그에 따르면 협상을 시작할 때 상대방의 감정을 읽고, 그 감정에 이름을 붙여 상대방을 불쾌하게 만들지 않고, 부드럽지만 명확하게 말하는 것이 매우 중요합니다. 또한 우리가 협상 현장에서 흔히 장애물이라고 느낄 법한 감정이야말로 협상을 도와주는 유용한 도구이자 수단이라고 강조합니다. 특히 상대방이 느끼는 부정적 감정을 명확하게 명명labeling하는 것만으로도 상대방이 그 감정에서 벗어날 수 있게 도울 수 있다고 설명합니다. 반대로 긍정적인 감정에 명명하는 행위는 그 감정을 더욱 강화할 수 있게 해주고요. 즉, 감정에 이름을 붙이면 사람들은 본인의 감정을 인정하면서 대립각을 세우기보단 단계적으로 진정하게 된다고 설명합니다.

우리도 경험을 통해 충분히 이해할 수 있습니다. 엉킨 실타래와 같은 내 머릿속과 가슴 속 상태를 누군가 정확한 단어와 문장으로 설명해줄 때, 그 사람이야말로 나를 잘 이해하고 있다고 생각하지요. 아니, 그가 나의 감정을 헤아리려 노력한다는 사실을 아는 것만으로도 그 사람이 나를 인정해준다고 생각하기에 이릅니다. 더 나아가 그와 좀 더 많은 대화를 나누고픈 마음이 들기도 하고요.

저는 이것이 '공감하는 어휘'가 갖는 힘이라고 생각합니다. 이 힘을 갖기 위해 우리에겐 과제가 생겼습니다. 협상 테이블에 마주앉은 상대방의 감정을 제대로 파악하고 명명할 수 있어야 하며, 그 어휘를 상대방의 화를 돋우지 않으면서도 정확하고 부드럽게 전달해야 합니다. 말은 쉬워도 상당히 어려운 일이라 예상합니다. 우선, 상대방의 감정이 어떠한지 살펴야 합니다. 내 감정을 살피고 적절한 단어로 표현하는 일도 쉽지 않은데, 상대방의 감정을 어떻게 살피고 표현할 수 있을까요? 크리스 보스는 이를 '전술적 공감 전략'이라고 소개합니다.

전술적 공감 전략에 대해 알아보기 전에, 먼저 구체적으로 노력할 것이 있습니다. 바로 어휘력을 키우는 일입니다. 우리는 대개 만 4세

이후부터 우리말을 깊게 공부하지 않고도 자연스레 구사할 수 있습니다. 또한 12년 정도는 공교육을 통해 우리말의 구체적인 문법을 익혔고, 새로운 어휘를 배웠습니다.

그런데 지금은 어떤가요? 학교를 졸업한 이후로 지금까지 우리말 실력이 얼마나 많이 변화하고 발전했나요? 아마 실무와 관련된 어휘는 많이 늘었을 겁니다. 그런데 많은 사람들이 20대에 익힌 단어 이외에 새로운 표현을 배우고 활용하는 부분에서는 제법 게을러진 게 사실일 듯합니다. 의사소통에 전혀 불편함이 없고 경력이 쌓일수록 내 일터에서 쓰는 용어에 익숙해지기 마련이니까요. 하지만 우리는 그 편안한 상황에 안주해서는 안 됩니다.

예를 들어볼게요. '마음이 자연스럽지 않고 편안하지 않은' 상황에서 쓸 수 있는 단어로 '불편하다, 거북하다, 곤란하다, 어색하다, 어렵다' 등이 있습니다. 그런데 우리는 이런 단어들을 섬세하게 골라 쓰지 않습니다. 그저 익숙한 단어 하나를 골라서 모든 상황에 써먹지요. 가장 많이 쓰는 말이 "짜증 나!"가 아닐까 싶습니다. 불편한 감정, 당황스러운 마음, 화가 남, 미안함, 안타까움 등으로 구별되는 상황에서도 매 순간 '짜증 나'라고 할 때가 많으니까요.

그런데 협상 자리에서 상대방에게 "지금 짜증이 나셨군요"라고 말할 수는 없습니다. 우리의 어휘 수준이 상대방의 복잡하고 심란한 여러 감정을 '짜증' 하나로 퉁치는 수준에 머물러 있다면, 우리의 협상력 역시 시작부터 바닥을 칠 수밖에 없을 거예요.

물론 다양한 감정과 느낌을 정확하고 적확하게 표현해내는 건 어려운 일입니다. 그래도 정서를 표현하는 어휘를 다양하게 쓸 수 있다면 생각보다 어렵지 않을 수도 있습니다. 그러니 이제부터 우리의 어휘력을 함께 점검해보면 좋겠습니다. 일상에서 마주하는 다양한 감정이나 기분을 조금은 상세히 표현하는 습관을 길러보는 것도 추천합니다. 나와 주파수를 맞추는 작업, 상대방과 주파수를 맞추는 작업, 그리고 이 주파수를 적절한 어휘로 표현하는 연습이 협상을 잘하는 기초체력을 키우는 일이기도 하니까요.

감정에 이름을 붙이면 알게 되는 것들

다양한 감정에 명확하게 이름을 붙이고 표현하는 것은, 그렇게 하지 않을 때와 큰 차이를 만들어냅니다. 저는 행동경제학자들의 연구를 살펴보면서 이러한 점을 이해하는 데 많은 도움을 받았습니다. 그들은 인간이 갖는 비합리적인 면과 그에 따른 의사결정을 주로 연구합니다. 우리가 어림짐작으로 편향적인 판단을 내리는 과정을 분석하고 설명하면서, 어떻게 하면 더 나은 판단과 결정을 내릴 수 있는지 제시합니다. 당장 생각이 떠오른다고 해서 너무 성급하게 결정하는 것은 아닌지, 내 생각을 뒷받침하는 정보만 의도적으로 선택하는 건 아닌지 등을 말이죠.

대니얼 카너먼은 자신이 쓴 《생각에 관한 생각》에서 어휘력에 대해 다음과 같이 설명합니다. 의사가 정확한 진단을 내리기 위해 각 질병의 여러 증상과 질병 정보의 목록을 많이 확보해야 하고, 이를 정확하게 이해하기 위해 의학 용어를 많이 아는 것이 필수이듯, 우리가 정확한 판단과 선택을 하고 더 깊이 이해하기 위해서도 일상적으로 쓰는 어휘보다 더 풍부한 어휘를 알아야 한다고요. 예를 들어 잘생긴 사람이 당당하게 연단 위로 올라간다면 우리는 '청중들이 그 사람의 연설을 실제보다 더 호의적으로 평가할 것'이라고 예상할 수 있습니다. 카너먼은 이에 대해, 그런 어림짐작으로 생각하기를 끝내는 대신 이런 상황에 '후광 효과'라는 이름을 붙여 고민할 수 있다면, 우리가 발표자의 빛나는 외모와 근사한 태도에 현혹돼 그 사람의 연설도 훌륭할 것이라고 성급하게 판단하는 오류를 더 쉽게 경계할 수 있다고 설명합니다.

이처럼 행동경제학에서는 우리가 가진 많은 어림짐작과 편향성에 대해 그저 두루뭉술하게 느끼고 지나가기보다, 구체적으로 어떤 체계에 의한 오류인지 이름을 붙여 인지할 것을 권합니다. 그래야 우리가 자신의 판단이 잘못되었을 수 있음을 더 쉽게 예상하고 신중할 수 있다고요.

앞에서 저는, 협상을 시작할 때 상대방의 감정을 파악하고 그 감정에 적절한 이름을 붙여서 말을 건네면 상대방으로 하여금 자신을 협상 주체로 인정한다는 사실을 자연스레 드러낼 수 있다고 설명했습니다. 거기에 덧붙여, 협상을 시작할 때 상대방의 감정을 정확하게 언급하는 것은 상대방에게 "당신은 지금 이런 감정을 느끼고 있군요. 그러니 우리가 서로 의견을 건네고 무언가를 판단할 때 주의할 필요가 있겠어요"라는 메시지를 전하는 것과 다르지 않습니다.

물론 이때도 주의가 필요합니다. 반드시 상대방과 다양한 방면으로 주파수를 맞추고, '당신의 마음을 헤아리고 있다'라는 느낌을 주는 정도로 정중하고 조심스럽게 말해야 합니다. 상대방의 감정을 단정 짓는 듯한 표현은 오히려 언급하지 않는 것보다 못한 영향을 미칠 수 있으니까요.

전술적 공감 전략을 활용하는 법

"공감이란, 제대로 된 관계와 소통의 다른 이름이다. 공감이란 한 존재의 개별성에 깊이 눈을 포개는 일, 상대방의 마음, 느낌의 차원까지 들어가 그를 만나고 내 마음을 포개는 일이다."

제게 지침서와 같은, 정혜신 박사의 책《당신이 옳다》에서는 공감을 이렇게 설명합니다.

실제로 누군가에게 공감한다는 건 어마어마한 일이라고 생각합니다. 그런데 우리가 과연 협상 상대자에게 제대로 된 공감을 할 수 있을까요? 크리스 보스 역시 실제 협상 과정에서 상대방에게 공감하기란 참 어려운 일이라고 인정합니다. 그러면서 그가 꺼내든 표현이 바로 '전술적 공감'입니다.

그는 공감이란 상대방에게 친절하게 대하거나 동의하는 행동이 아니라고 강조합니다. 공감은 그저 상대방을 '이해하는 일'이라고 해요. 여기서 말하는 이해란, 상대방에 대한 동의 내지는 포용과 명확히 다릅니다. 크리스 보스는 그저 상대방이 지금 어떤지, 왜 그렇게 행동하는지, 무엇으로 그의 마음을 바꿀 수 있을지 파악하도록 돕는 과정을 '공감'이라고 정의합니다. 이렇게 공감하기 위해 이전 단계에서 필요한 것이 '전술적 공감'이고요.

그는 전술적 공감에 대해 '상대방에게 나의 영향력이 커질 수 있도록, 상대방의 감정 이면에 무엇이 숨어 있는지 주의를 기울이는 방법'이라고 설명합니다. 목적이 뚜렷한 공감하기인 셈입니다. 또한 그는 전술적 공감을 활용하면서 단지 기술적, 인위적으로 공감하는 '척'을 해서는 안 된다는 점을 강조합니다. 왜냐하면 상대방 역시 우리의 말과 태도에 주의를 기울이고 있기 때문이죠.

크리스 보스는 전술적 공감을 제대로 하기 위한 중요한 기술로 미러링mirroring 기법을 소개합니다. 미러링이란 상대방을 안심시키기 위해 그 사람의 말투, 몸짓, 어휘, 말하는 속도나 목소리 톤 등을 따라 할 때 나타나는 신경 행동 중 하나입니다. 심리학에서는 미러링을 '무의식적 모방행위', '동일 행동' 정도로 정의하죠. 미러링은 사람들이 서로 유대감을 느끼고 신뢰하게 되면 자연스럽게 나타나는 행동이라, 우리는 대개 미러링이 일어나고 있다는 사실을 의식하지 못하는 경우가 많습니다.

그렇다면 이것을 역으로 활용하면 어떨까요? 미러링을 의식적으로 한다면, 상대방으로 하여금 우리가 서로 비슷하며 신뢰할 수 있는 사람이라고 암시를 줄 수 있다고 합니다. 따라서 미러링을 통해 상대방에게 전술적으로 공감하기 위한 태도로 우리가 갖춰야 할 것은, 적극적인 경청입니다. 상대방의 말을 잘 미러링하기 위해서는 가장 먼저 상대방이 하는 말을 적극적으로 들어야 하니까요.

마지막으로 중요한 것은 바로 침묵입니다. 크리스 보스는 침묵을 가리켜 '상대방에게 마법을 부리는 시간 기술'이라고 설명합니다. 미러링과 전술적 공감을 상대방에게 잘 전달하려면 적어도 4초의 시간이 필요하다고 해요. 4초 동안 상대방은 우리가 명명해준 감정 상태에서 벗어나 지금의 마음을 곱씹어보거나, 부연 설명을 하든 불만을 제기하든 뭔가를 말할 여지를 고민합니다. 이것이 우리가 애초에 의도한 전략이었으니, 적절한 침묵을 잘 활용해 자신에게 유리한 상황을 만들 수 있습니다.

대부분의 사람들은 침묵의 힘에 먼저 지는 경우가 많습니다. 그 중요성을 간과할 때도 많고요. 그럴 때마다 크리스 보스가 건네는 이 말을 기억하면 좋겠습니다.

"멈추고 기다려라. 장애물을 명명한 후, 상대방의 말을 미러링한 다음, 침묵의 효과가 나타나도록 기다려라. 걱정할 것 없다. 상대방이 침묵을 메울 것이다."

심야 라디오 DJ의 목소리로 말하기

협상을 할 때 어떤 목소리를 쓰는지도 전술의 일부가 됩니다. 크리스 보스는 특히 확실한 주장을 해야 할 때 '심야 라디오 DJ의 목소리를 기억하라'고 조언합니다.

협상 테이블에 마주앉은 두 사람의 마음을 상상해보면 쉽게 이해할 수 있습니다. 먼저, 두 사람은 각자 원하는 것이 있습니다. 문제는 서로 원하는 바가 다르다는 것이죠. 어느 수준에서 서로의 입장을 절충할 것인지, 아니면 어디까지 양보하고 어디까지 요구할지를 결정하는 것이 협상의 목적이자 결과가 됩니다. 이러한 상황에서 활용하는 목소리는 당연히 중요하고 은밀한 무기가 될 수 있지요.

크리스 보스는 협상가의 어조를 크게 세 가지로 구분합니다.

- 직설적이고 확신에 찬 목소리
- 긍정적이고 명랑한 목소리
- 심야 라디오 DJ의 목소리

우리는 흔히 협상가가 가져야 할 어조로 확신에 찬 목소리를 떠올리기 쉽습니다. 그런데 크리스 보스는 이것이 협상에서 가급적 사용하지 말아야 하는 어조라고 지적합니다. 자신감 넘치는 목소리가 협상에서 오히려 문제를 키우고 반발심을 일으켰던 경험을 많이 했다면서요.

다음으로 고려할 수 있는 어조는 긍정적이고 명랑한 목소리입니다. 크리스 보스는 이러한 목소리를 '태평하고 온화한 목소리'라고도 표현하는데, 기본적인 협상에 임하는 목소리로는 이 정도가 좋다고 합니다. 서로가 긴장을 풀고 미소를 지으며 대화를 나누기에 적절한 목소리이기 때문이죠. 너무 심각한 목소리보다는 가볍게 사안을 언급하며 서로를 격려하는 발언을 할 경우, 협상 분위기도 화기애애할 것 같습니다. 단, 이 경우에도 상대방이 나만큼의 여유를 가질 수 있는 상태인지 먼저 판단해야 합니다.

마지막으로, 심야 라디오 DJ의 목소리를 선택적으로 활용하라고 조언합니다. 특히 주장을 하거나 권위를 보여야 하는 상황에서 적극적으로 활용해야 할 목소리라고 강조합니다. 명확한 주장을 하거나 나의 권위를 드러내기 위해서는 또렷하고 확신에 찬 목소리를 내는 것이 나을 것 같지만, 협상할 때는 이런 목소리가 오히려 상대방으로 하여금 방어적인 태도를 가질 수 있게 합니다. 협상 현장에서 나의 말이 상대방에게 신뢰감을 주려면, 조금은 낮고 느린 말투가 더욱 유효하다고 해요.

그렇다면 심야 라디오 DJ들의 목소리에는 어떤 특징이 있을까요? 우선, 늦은 밤에 방송을 진행하니 목소리 톤은 적당히 낮겠죠? 밝은 톤을 가졌다 해도, 진행자의 목에 무리가 가지 않으면서 듣는 이에게도 편안한 느낌을 주려면 낮 시간대보다 좀 더 낮고 조용한 톤으로 말하는 것이 여러모로 안정적입니다. 빠르기는 어떨까요? 역시 시간대에 맞게 원래 속도보다 살짝 느린 느낌으로 말하게 됩니다. 목소리를 다양하게 활용하며 방송을 하는 라디오 진행자로서, 저는 크리스 보스가 현장에서 쌓은 조언이 무엇보다도 탁월하다고 느꼈습니다.

또한 라디오 진행자는 눈앞에 있는 상대방이 아닌, 불특정 다수인 청취자를 대상으로 말을 합니다. 청취자들을 머릿속에 그리며 그들이 보내는 문자나 댓글을 단서 삼아 그들을 헤아립니다. 크리스 보스는 협상에서 가져야 할 목소리 느낌을 설명하기 위해 심야 라디오 DJ를 언급했지만, 저는 전술적 공감을 잘하기 위해서라도 심야 라디오 DJ의 자세로 협상에 임하면 좋겠다는 생각을 덧붙여봅니다. 상대방이 우리 눈앞에 있든 수화기 너머에 있든, 협상 상대자를 나의 청취자라고 생각해보면 그 사람을 좀 더 적극적으로 살피게 될 테니까요.

개방형으로 질문하기

대부분의 사람들은 대화 과정에서 상대방에게 이해받고 있다는 안도감, 그리고 내가 이 대화를 어느 정도 주도하고 있다는 통제감을 느끼고 싶어합니다. 실제로도 이러한 감정과 기분을 느낄 때 대화에 적극적으로 임하게 되고요.

상대방에게 이러한 느낌을 주는 유용한 방법은 상대방에게 제대로 된 질문을 하는 것입니다. 특히 별 생각 없이 '네'라고 답할 수 있는 질문보단 '아니오'라고 답변할 만한 질문이 필요합니다. 일반적으로는 상대방의 질문에 '아니오'라고 답하는 상황을 불편하게 여기기 마련입니다. 그런데 잘 생각해보면 '아니오'라고 답변할 수 있게 만드는 질문은 내게 유용한 상황을 만들어줍니다. 그러니 우선 상대방의 생각을 제대로 짚을 수 있도록 여러 선택지를 제시하고, 질문을 통해 경우의 수를 하나씩 줄여나가도록 합니다. 이때 상대방에게 이 대화의 주도권이 마치 본인에게 있다고 느끼게 하는 것이 좋습니다. 자기 생각을 명확히 드러낼 뿐 아니라 나에게 거부 의사도 밝힐 수 있으니까요. 우리는 상대방이 느끼는 주도권을 잘 활용해 그에게서 좀 더 많은 정보를 얻어내면 됩니다. 그러기 위해서는 상대방의 대답에서 실마리를 찾아, 그가 직접 해결책을 제안할 수 있도록 개방형 질문을 이어가야 합니다.

크리스 보스는 이것을 '교정 질문'이라고 표현합니다. 기업으로부터 특강 요청을 받고 강의료 인상을 요구하는 강사 측과 회사 방침상 어렵다고 거절하는 직원의 대화를 예시로 살펴볼까요?

매니저　팀장님, 죄송하지만 저희는 강의료 인상 없이는 이 특강을 할 수 없습니다. 없던 일로 해주시죠.

직원　아, 매니저님의 불편한 마음이 제게도 전해지는 것 같습니다. 강의료 문제 때문에 많이 곤란하셨을 것 같아요. 혹시 강사님께 불편한 말씀을 들으셨을까요? 그러셨다면 우선 죄송합니다.

매니저 저희 입장을 이해하신다니 다행입니다. 강의료 인상이 가능할까요?

직원 저희는 이미 최종 보고가 끝난 상황이라 곤란합니다. 혹시 현재 비용으로는 강사님께서 도저히 특강에 참여하실 수 없다는 입장일까요?

매니저 네. 없던 일로 해주시죠.

직원 그렇군요. 없던 일로 하시겠다는 말씀이 저희로서는 많이 당황스러운 상황입니다. **(+ 침묵)**

매니저 물론 처음부터 적정 수준을 요구하지 못한 저희 측 탓도 있습니다만, 강사님께서 많이 불쾌해하셔서 어쩔 수가 없습니다.

직원 강사님께서 많이 언짢아하셨군요. 매니저님께서 곤란하셨을 것 같습니다. 그 부분에 대해 저희가 잘 설명을 드리고 싶은데, 혹시 매니저님께서 양해해주신다면 **저희가 따로 강사님께 연락을 드려도 될까요?**

강사 측 **아니오.** 안 그러시는 게 좋겠습니다. 굳이 그럴 필요도 없으시고요.

직원 저희는 강사님을 반드시 특강에 모시고 싶습니다. **조금 전에 언급하신 대로 초반의 강의료 논의 과정에서 서로 부주의한 점이 있었는데요, 혹시 강의료 인상 외에 다른 방법이 없을까요?** 저희 회사에 강사님을 반드시 모시고 싶은데, **저희가 어떻게**

하는 것이 좋을까요? (+ 침묵)

매니저는 이어지는 대화에서 어떤 답변을 했을까요? 강의료 인상 외에 다른 방법은 없다고 계속 완강한 태도를 보였을 수도 있고, 정 그렇다면 자신이 강사를 설득해보겠다고 대답했을 수도 있을 겁니다.

이 대화에서 눈여겨볼 사항은, 앞에서 설명한 대로 상대방이 대화를 통해 안도감과 통제감을 느끼도록 하는 부분입니다. 직원은 매니저에게 당신의 입장과 감정을 충분히 이해하고 있다는 메시지를 미러링과 전술적 공감, 그리고 부드러운 목소리로 느끼게 했습니다. 강사에게 직접 연락해보겠다는 언급까지 하며 겉으로는 매니저의 고충을 덜어줄 의향도 있다고 전했고요. 매니저 입장에서는 당연히 거부감을 드러낼 가능성이 명확해 보이지만, 이런 질문을 '일부러' 한 것이라고 이해해야 합니다. 그래야 매니저가 '아니오'라고 하며, 자신이 이 상황에서 주도권을 가지고 있다고 느낄 수 있으니까요.

마지막으로 직원은, 강의료 인상이 어렵다는 자신들의 주장을 간곡하게 의문문 형태로 제시했습니다. 또한 매니저에게 '열린 질문'을 통해 문제를 해결할 방법을 물었습니다. 이때 매니저가 먼저 언급한 대로, 강의료 논의가 이미 끝난 상황임을 다시 한번 완곡하게 언급하며, 고심할 여지를 만들었습니다.

이렇듯 협상 과정에서 상대방이 통제감을 느끼게 하는 질문을 적절히 던지는 것은 협상을 순조롭게 이끌어가는 데 매우 중요한 역할을 합니다. 이 질문을 적절히 하기 위해서라도 상대방을 적극 경청하고 관찰하며 단서를 찾아야 합니다.

비언어적 요소의 영향력 활용하기

이번에는 대면 상황에서 진행하는 협상에 대해 알아볼게요. 협상 테이블에서 서로 팽팽한 의견이 대립하는 상황을 가정해봅시다. 이번에도 앞에서 소개한 다양한 협상의 기술을 적용하기 전에, 일단 상대방을 살피는 일부터 시작합니다.

협상 테이블에 마주 앉은 상대방의 외모, 옷차림, 걸음걸이, 자세, 눈빛, 그 사람이 내뿜는 에너지 등은 언어보다 먼저 협상 공간의 분위기를 좌우하는 요소가 됩니다. 이러한 것들을 '비언어적 요소'라고 통칭할게요.

공적인 말하기에서 비언어적 요소의 역할과 중요성은 행동경제학자들의 연구를 통해서도 잘 알 수 있습니다. 《생각에 관한 생각》에서 대니얼 카너먼은 우리의 사고 체계를 두 가지 시스템으로 정리했습니다. '시스템 1'과 '시스템 2'라 구분하는데, 먼저 시스템 1은 빨리 생각하고 효율적으로 작동하는 기본 시스템입니다. 별 노력 없이 직관적으로 이뤄지는 사고 체계이지요. 시스템 2는 주의를 집중해야 작동하는 시스템입니다. 산만해지면 제대로 할 수 없는 사고 체계에 해당하지요. 복잡한 계산, 집중해야 하는 업무, 함부로 나서지 않는 상황 등에서 하게 되는 생각이 대표적입니다.

시스템 1은 시스템 2에게 인상, 직관, 의도, 감정을 지속적으로 전달합니다. 여느 때처럼 모든 과정이 순조롭다면, 시스템 2는 시스템 1이 보내는 신호를 거의 수정하지 않고 받아들입니다. 우리가 평상시에 하는 대부분의 생각과 행동은 시스템 1이 담당하지만, 상황이 복잡해지면 시스템 2가 임무를 넘겨받습니다. 예를 들어 '1+1=2'는 시스템 1이 작동하는 생각 과정이지만, '242×292' 같은 문제를 보면 시스템 1이 시스템 2에게 정답을 맡깁니다. 그러면 시스템 2는 '문제가 복잡하니 생각하지 말자!' 또는 '계산을 어떻게 하지? 종이와 펜을 준비할까? 아, 휴대폰에 계산기가 있지'와 같은 다음 단계의 결정을 내립니다.

이 시스템을 말하기 활동에 적용해볼까요? 연봉 협상을 하기 위해 상사와 마주 앉은 자리에서, 상사의 얼굴을 보고 '표정이 어둡네?'라고 생각하는 것은 시스템 1이 작동한 결과입니다. 시스템 1로부터 이 결과를 전달받은 시스템 2는 '회사 사정이 어려운가? 올해는 원하는 만큼 인상을 요구하기가 쉽지 않겠어' 또는 '아, 오늘 정신 바짝 차려야겠네' 같은 결정을 내립니다.

즉, 우리가 생각을 하는 과정은 시스템 1과 시스템 2의 공동작업인 셈입니다. 그리고 이 과정에서 직관에 해당하는 시스템 1의 사고 체계가 얼마나 즉각적이고도 중요한 역할을 하는지 알 수 있지요.

이러한 과정을 알고 나면 우리가 공적인 말하기를 할 때 어떤 비언어적 요소를 취해야 하는지, 이것에 얼마나 주의해야 하는지 알 수 있습니다. 나와 마주 앉은 상대방이 시스템 1을 통해 나의 눈빛, 앉은 자세, 표정 등을 즉각적으로 읽고 시스템 2에 어떤 영향을 미칠지, 결코 간과해서는 안 됩니다. 상대방에게 순식간에 읽힐 나의 모든 것이, 결국 그 사람의 생각과 판단에 영향을 미친다는 것까지 계산해서 나의 비언어적 요소를 드러내야 합니다. 물론 우리 역시 상대방의 비언어적 표현에 주목할 수 있지요. 나의 시스템 1이 내린 즉각적인 판단을 받아들일지 말지를, 시스템 2까지 명확히 작동시켜 오류를 최소화하는 쪽으로 고민해야 합니다.

이처럼 행동경제학의 지식에 기반해 협상의 태도를 이해하면, 협상 상황에서 주고받는 말하기와 이를 둘러싼 다양한 변수를 조금은 묵직한 시선으로 바라볼 수 있습니다. 상대방의 시스템 1에 나의 비언어가 어떻게 작용할지, 또는 어떻게 '작용하게 만들지' 신중해지지요. 반대로, 부담스러운 상대방과 마주했을 때 그 사람이 보이는 비언어적 요소에 무작정 긴장하기보다, 시스템 1에서 느낀 점들을 시스템 2로 명확히 해석하려고 노력하는 과정을 좀 더 의식적으로 활용할 가능성이 높아집니다.

앞으로 침묵의 힘, 눈빛의 힘, 접촉의 힘과 같은 비언어적 요소의 영향력을 믿고 활용하라는 말을, 그저 선언적인 주문이 아니라 과학적 근거를 갖춘 지식으로 잘 이해하고, 그 효과를 직접 확인해보길 바랍니다.

'메러비안의 법칙'은 그런 뜻이 아닙니다

여러 말하기 책이나 마케팅 책에서 '메러비안의 법칙Mehrabian's law'을 언급합니다. '의사소통을 할 때 그 사람이 말하는 내용보다는 목소리가, 목소리보다는 외모와 몸짓 같은 시각적인 요소가 더 중요하다'라고 설명하는 경우가 대부분입니다. 그 비율이 어느 정도인지 예쁘게 도표까지 만들어서 말이죠.

그러나 이 내용을 그대로 받아들이지 않도록 주의하는 것이 좋습니다. 해당 연구에 대한 구체적 고찰 없이, 잘못 해석하고 확대 적용한 내용을 마구잡이로 베껴 활용하는 경우가 너무 많으니까요.

생각해보면 이상합니다. 우리가 회의 시간에 회의 내용에는 7퍼센트만 주의를 기울인다는 것이 말이 될까요? 큰일 날 소리지요. 회의 시간에 이뤄지는 의사소통에서 가장 중요한 것은 회의 내용 그 자체입니다. 의사소통의 전체 과정에서 '93퍼센트의 비율을 차지한다는 음성적 요소와 시각적 요소'에 회의 내용이 밀리면 안 되잖아요?

메러비안의 법칙은 우리가 누군가를 좋아하거나 싫어하게 되는 원인, 즉 호감도를 연구해 얻은 결론을 바탕으로 정립한 법칙입니다. 1971년 캘리포니아대학교에서 발간한 책《침묵의 메시지》에서, 메러비안 박사는 "7-38-55 rule is a concept concerning the communication of emotions"라고 언급했습니다. 이 말을 수식으로 표현하면 다음과 같습니다.

말하기에서 느끼는 호감 7퍼센트
+ 목소리에서 느끼는 호감 38퍼센트
+ 외모에서 느끼는 호감 55퍼센트
= 전체 호감도

   말을 듣는 사람이 말을 하는 사람에게 갖는 '감정 또는 태도'를 결정하는 요소로 말이 차지하는 비중은 7퍼센트이고 나머지 요인이 무려 93퍼센트를 차지한다는 것이지요. A가 B에게 호감을 느낄 때 B가 하는 말보다는 B의 목소리, 외모, 몸짓 등에서 더 많은 영향을 받는다는 건, 우리도 일상에서 수시로 느낍니다. 그런데 이것을 지나치게 일반화해서 모든 사람들의 의사소통 전반에 대한 공식처럼 인용하는 것은 잘못입니다.

   아주 엄격한 상황에서 진행되는 의사소통을 생각해볼까요? 우리는 굳이 상대방에 대한 호감 또는 비호감을 전제로 말을 꺼내지 않습니다. 감정적으로 좋고 나쁨의 차이가 있다 해도 그 감정이 말하기에 미치는 영향은 매우 한정적이고, 그래야만 합니다.

   협상 상황에서도 마찬가지입니다. 조직의 명운이 걸린 협상을 하는데 상대방에게 호감이 있는지 없는지 여부가 무슨 상관이겠어요. 만약 상대방의 목소리나 외모 때문에 생각 시스템 1에서 직관적으로 호감 또는 비호감을 느꼈다 해도, 즉각적인 판단을 경계하고 생각 시스템 2에게 좀 더 신중한 판단을 맡겨야 합니다.

그러니 메러비안의 법칙은 사적인 관계 또는 사적 관계라고 생각할 수 있는 가벼운 의사소통 과정에서 한정적으로 활용하는 것이 바람직합니다. 고객과 우호적인 관계를 유지하며 친밀감 높은 대화를 이어가야 하는 일부 직군에서 활용할 순 있지만, 그 경우에도 고객에게 전달될 목소리와 외모에서 느껴지는 호감도를 생각하기 전에 명확한 메시지를 전달하는 것이 최우선이라는 점을 반드시 알아야 합니다.

그런데, 아나운서가 협상을 많이 해봤어요?

대학생들을 위한 특강에서 협상에 대한 이야기를 시작하려는데, 어느 학생이 제게 던진 질문이었습니다. 이 질문을 받고 '내가 협상을 많이 해봤나?' 싶어 지난 시간을 돌아보았습니다. 저의 결론은, 학생들 앞에서 특강을 이어가는 그 순간도 협상의 시간이나 마찬가지라는 것이었어요.

저는 학생들이 저의 경험담을 통해 앞으로의 사회생활에 도움을 얻기를 바란다는 목적의식이 뚜렷했습니다. 또한 잠재적으로는 그들이 저에게 우호적인 시청자, 지지자가 되어주길 바랐습니다. 그러려면 제 경험담이 그들에게 유용하게 쓰이고, 더 나아가 그들의 생각과 행동에 긍정적인 자극을 줄 수 있어야 하죠. 이러한 제 마음을 솔직하게 전하며, 우리는 매 순간 누군가와 협상을 하며 살아간다고 설명을 이어갔습니다.

협상 현장에서는 나도 상대방도 모든 감각과 지식을 총동원하기 마련입니다. 그래서 글이나 문서를 주고받으며 진행하는 협상에 비해 훨씬 다양한 요소가 나와 상대방의 판단에 영향을 미칩니다. 열심히 준비했던 협상 내용이 애초 의도한 대로 흘러가지 않아 애를 먹을 때도 많습니다.

저도 이러한 경험을 자주 합니다. 제가 협상하는 태도로 임하는 공적인 말하기는 바로 인터뷰입니다. 이유를 설명해볼게요.

먼저, 약속한 시간 동안 안정적으로 방송을 진행하기 위해 사전에 인터뷰이와 질문을 조율하는 인터뷰는 경우가 조금 다릅니다. 대신 사전에 합의한 질문이 없는 자유로운 인터뷰를 준비할 때는, 그야말로 협상을 준비하는 마음으로 임하게 됩니다.

협상으로서의 인터뷰를 진행할 때 저의 목적은, '이 인터뷰가 대중에게 유용하게 다가갈 수 있게 하기'입니다. 저는 대중이 듣고 싶고 궁금해하는 사항들을, 그들을 대신해 질문하고 답을 이끌어내는 사람으로서 그 자리에 있는 것입니다. 그러려면 협상 테이블(인터뷰 공간)에서 맞은편에 앉는 인터뷰 대상자(인터뷰이)와 어떤 이야기를 주고받는 것이 최선일까 고심해야 합니다. 인터뷰를 준비하면서 인터뷰 대상자를 파악해가는 과정은, 상대방의 전략을 살피는 협상가와 다를 바가 없지요.

협상(인터뷰)이 시작되면 처음 주도권은 제게 주어지는 듯합니다. 제가 먼저 말문을 열고, 질문도 제가 하고, 이야기의 흐름도 제가 만들어가니까요. 그런데 시간이 지날수록 주도권이 상대방에게 넘어가기 쉽습니다. 아무래도 그 시간의 가시적인 주인공은 상대방이니까요. 자칫 잘못하면 인터뷰어인 저는 그 시간의 궁극적 주인공인 시청자를 잊고 그저 눈앞에 보이는 상대방의 메시지를 전달하는 데 그치는 상황을 만들어버릴 수 있습니다. 그래서 저는 인터뷰이의 말을 온전히 들으면서도 동시에 그 사람의 말에 담긴 의미가 나의 궁극적 목적인 '대중에게 유용한 내용'이 맞는지 끊임없이 살핍니다. 유용성 역시 시청자가 판단할 몫이지만, 최대한 시청자의 시선에서 인터뷰를 이어가려 합니다. 그렇기에 협상(인터뷰) 과정 내내 신경이 곤두섭니다. 하지만 맞은편에 있는 인터뷰이에게 그런 상태를 들켜서는 곤란합니다. 그래야 그가 아무런 불편함 없이 자신의 이야기에 몰입할 수 있으니까요.

상대방과 내가 원하는 것이 다를 때도 있습니다. 인터뷰를 하는 목적이 다를 때가 가장 대표적인 순간입니다. 저는 그 사람이 어떤 일을 겪어낸 과정과 그 당시의 이야기가 시사하는 바가 크다고 생각하는데 상대방은 자신의 현재 상황을 이야기하고 싶어 할 때가 있습니다. 물론 인터뷰어가 원하는 방향으로 이야기가 흘러가는 것이 가장 부드러운 분위기를 만들어내지만, 인터뷰의 진짜 주인은 그 시간을 함께하는 시청자, 청취자들이기에 저와 인터뷰이 사이에 무언의 줄다리기가 팽팽하게 벌어질 때도 있습니다.

아나운서인 제가 왜 협상에 대해 실감하면서 자세히 익히게 되었는지 이제 어느 정도 공감할 수 있겠죠? 저뿐만이 아닙니다. 우리 모두는 다양한 공적 말하기 상황에서, 굳이 협상이라는 이름을 붙이지 않았을 뿐 매 순간 협상을 하고 있습니다. 이 사실을 직시해야 우리는 조직에서 하는 모든 말하기 상황에 좀 더 신중할 수 있습니다.

동료와 사소한 의견을 나누는 자리라 해도 상대방을 협상 테이블 맞은편에 앉은 존재라 생각하면, 나의 말하는 태도 등이 그의 신경을 쓸데없이 자극하지 않도록 살피게 됩니다. 의견 충돌이 있는 상황에서 이성적이고 절제된 태도를 벗어나 언쟁을 유도하는 무례한 동료를 대할 때도, 그 태도에 대해 혼자 불편한 마음을 삭이거나 내 감정을 그대로 드러내 맞붙는 대신 상대방의 태도가 어떤 감정 상태에서 비롯되었는지 차분히 읽어낼 수 있지요. 그 내용을 심야 DJ의 목소리 톤을 활용해 적절한 표현으로 언급하면서 상대방에게 자제를 요청할 수 있습니다.

이러한 시도조차 부담스러운 상황이라면 일단은 그를 향한 '전술적 공감'을 이뤄내겠다고 마음먹고 상대방을 지켜보세요. 그것만으로도 우리는 굳이 의도하지 않고도 침묵을 전략적으로 이용할 수 있습니다. 침묵이 말하기에서 유용하고도 강력한 순간이라는 점을 앞에서 설명했지요?

그러니 협상은 평범한 사회인인 나와는 상관없는 말하기 상황이라고 생각하지 말고, 매 순간 잘 활용해볼 가치가 있는 것이라고 여겨주세요. 그러다 보면 어느 순간, 오늘의 협상에서는 어떻게 승기를 잡고 조직에서 말하기 상황을 이끌어갈지, 좀 더 구체적으로 살펴볼 마음의 여유가 생길 것입니다.

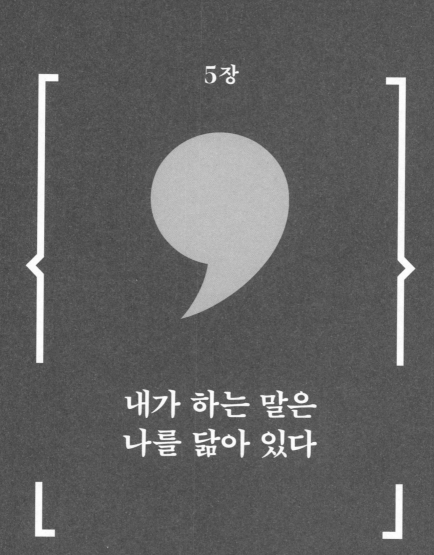

5장

내가 하는 말은
나를 닮아 있다

내가 하는 말은
나를 닮아 있다

방송사에 갓 입사했을 때, 선배들이 하시던 말씀이 있습니다. "인사 소리만 들어도 저 친구가 어떻게 방송할지 느껴져."

솔직히 웬 허세인가 싶었습니다. 그런데 십수 년이 지난 어느 날, 제 입에서 비슷한 말이 나와 흠칫 놀랐던 기억이 납니다. 제게도 어느 정도 허세가 생긴 것일 수도 있고, 아니면 직관이 작동한 결과일 수도 있을 텐데요. 행동경제학자들은 전문가들이 무의식중에 내리는 직관적 판단에 대해 어림짐작이라기보다는 오랜 훈련의 결과일 수 있다고 설명합니다. 그들의 설명을 듣고 저의 행동을 돌아보니 오랫동안 바른 호흡을 하면서 정확한 발음으로 말하기 위해 단련된 예민한 청각과, 시청자에게 전달되는 첫 느낌을 가다듬기 위해 노력했던 습관들이 쌓이면서 일종의 직관이 된 것은 아닐까 싶었습니다. 그러다 보니 제가 아닌 다른 사람들의 공적인 말하기 상황을 점검할 때도, 제 자신에게 들이대었던 잣대를 기준으로 그들의 말하기를 살피고 판단하는 직관이 작동했습니다.

그런데 말이라는 건, 비단 전문가가 아니어도 다른 사람을 평가하기에 참 쉬운 활동입니다. 따지고 보면, 우린 말하기로 누군가를 판단하고 평가하는 순간에 적지 않게 노출돼 있어요. 그 사실을 잘 깨닫지 못할 뿐이죠. 조직에서도 꽤 총체적인 기준으로 우리를 평가합니다. 특히 우리가 공적인 자리에서 하는 말을 두고 전반적인 평가를 받기가 아주 쉽습니다. 물론 말하기 능력 하나로 나의 모든 것이 평가될 리는 없지요. 그렇지만 스스로 의식하는 것보다 훨씬 더 많은 비중으로, 우리 모두는 '말하기 능력'을 타인을 평가하는 지표로 삼을 확률이 매우 높습니다. 그리고 이 평가에는 다음과 같은 특징이 있습니다.

1. 지위고하를 따지지 않고 누구나 매 순간 평가자가 된다.
2. 매우 이성적이면서도 본능적인 잣대로 평가한다.
3. 대부분 명확한 기준을 제시하지 못하지만 대개 비슷한 수준의 잣대를 가지고 있다.
4. 평가 결과가 대부분 비슷하다.

어떤가요? 여기에 하나 더 추가하자면 자신의 말하기가 어떠한지 스스로 평가하는 경우는 드뭅니다. 다른 사람의 말하기에는 이런저런 평가를 날카롭게 하면서 자신의 말하기에는 신경 쓰지 않거나, 엉성한 잣대로 대충 평가하기 쉽습니다.

그렇지만 우리는 지금까지 말을 잘하기 위한 여러 가지 방법을 꽤 진지하게 배웠습니다. 이제 마지막 관문이 남았습니다. 평생 해야 할 나의 '말하기', 그리고 '말하는 나'를 담담하게 성찰할 수 있어야 한다는 점입니다.

나의 말을 글로 옮기면 보이는 것들

말하기와 글쓰기는 의사소통의 커다란 두 줄기입니다. 내 생각의 뿌리가 말과 글로 뻗어 나와 상대방에게 가 닿습니다. 말은 소리로, 글은 문자로 전달한다는 점 외에는 궁극적으로 크게 다르지 않아요. 그런데 말하기는 글쓰기보다 더욱 본능적인 활동입니다. 글을 쓸 때보다 말을 할 때 훨씬 복잡하고 원초적인 요소들이 작용하기 때문이지요. 잘 정리한 한 장짜리 보고서를 눈으로 읽는 것과 누군가의 설명으로 듣는 것에는 큰 차이가 있습니다. 말하는 사람의 목소리와 태도, 전달하는 내용, 말을 듣는 사람의 집중력, 말을 하는 사람과 듣는 사람 사이의 신뢰도, 친밀도, 호감도와 같은 심리적 요인 등이 말을 하고 듣는 내내 복잡하게 작용합니다. 그래서 글이 아닌 말로 하는 의사소통에는 좀 더 섬세한 조율이 필요한 것이고요.

말을 글로 옮겨 써보기

말은 글과 달리 휘발성이 있습니다. 소리로 나온 말은 활자로 박힌 글과 달리 공기 중에 흩어져 상대방의 청각을 자극합니다. 그래서 내가 한 말의 내용을 정확하게 살피려면 글로 옮겨보는 과정이 반드시 필요합니다.

이게 무슨 말인지, 제 경험을 소개해볼게요. 라디오 생방송을 진행하던 어느 날, 대형 화물차를 운전하는 청취자가 사진과 함께 문자 사연을 보내주신 적이 있습니다.

영하 14도, 포천에 또 눈발이 날리고 있습니다. 오늘도 연일 불철주야 삶의 현장에 같이 동참한 분들이 후사경에 끝도 없이 보이네요. 안녕하세요.

이 사연을 소개하며 제가 응답했던 말은 다음과 같았고, 저는 방송 이후 그 말을 글로 옮겨보았습니다.

"아, 진짜네요. 이렇게 기다리시는 시간이 많으신 거죠? 뭐 상차, 하차 이런 거 하시면서? 그 트럭 뒤쪽을 바라볼 수 있는 거울에, 트럭들의 모습이 끝도 없이 이어지고 있는데, 아우, 차가운 새벽 시간 정말 애 많이 쓰시네요. 오늘도, 예! 그야말로 대한민국의 핏줄과 같은 역할을 해주시는 거잖아요. 안전하게 운전해주시길 바라요."

저는 먼저, 다른 청취자들이 사진 속 장면을 상상할 수 있도록 '묘사'하면서 '사진을 보며 느낀 점'을 설명했습니다. 이어서 '사연자에게 격려와 감사'를 표현하고, 마지막으로 '안전 운전을 당부하는 인사'를 건넸네요.

즉흥적인 멘트였지만 4년 넘게 새벽 방송을 진행하면서 청취자들과 쌓은 교감을 바탕으로, 이른 새벽부터 시작하는 고단한 삶에 공감한다고 전하고 싶었습니다. 그래서 사연자의 안녕을 바라며 마지막 멘트를 마쳤고요.

당시에는 저의 심정을 고스란히 담아 충실히 말했다고 생각했는데, 방송을 다시 들으며 분석하니 멘트 중 밑줄 친 표현이 아쉬웠습니다. 그래서 이 말을 다음과 같이 정리해봤어요.

- 아, 진짜네요 ➡ 굳이 언급할 필요가 있었을까?
- 이렇게 기다리시는 시간이 많으신 거죠? 뭐 상차 하차 이런 거 하시면서?
  - ➡ '이렇게'가 아니라 '그렇게'가 적확하지 않았을까?
  - ➡ '기다리는' 시간이 '많으신' 거죠? 이런 거 '하시면서?'라고 높

임말은 마지막에 한 번만 하는 것이 좋았을 듯하다.

→ '상차, 하차라 불리는 작업을 기다리는 시간이 그렇게 많으신 거죠?' 또는 '상차, 하차 같은 작업하려고 그렇게 오래 기다려야 하시는 거죠?'라고 어순을 바꾸는 것이 더 정확했겠다.

이렇게 수정한 후, 문장을 고쳐 다시 말해봅니다. "아, 상차, 하차 같은 작업을 위해서 그리 오래 기다려야 하시는 거죠?"

생방송을 진행할 때는 즉흥적으로 멘트를 하니, 이 정도 불완전함은 괜찮을 수도 있겠다 싶습니다. 고친 문장으로 다시 말해보니, 오히려 너무 매끄러워 말맛은 더 떨어진다 싶기도 했고요. 그래도 저는 이런 식으로 방송에서 했던 말을 정확한 문장으로 바꾸고 소리 내어 다시 말해보는 과정을 반드시 거칩니다.

이미 내뱉은 말을 글로 옮겨 하나하나 뜯어보는 이유는, 여전히 말을 할 때 부족한 점이 많아서입니다. 이 힘겨운 작업을 꾸준히 해오면서 제가 얻은 결론은 바로 이것입니다.

말하기에도 퇴고가 필요하다

공적인 말하기 실력을 키우기 위해서 내가 했던 말을 다시 분석, 해체, 재조립하는 과정은 무척 유용했습니다. 나의 말을 곱씹으며 문법적, 논리적 오류를 찾는 과정을 반복하다 보니 말하기 실력뿐 아니라 글쓰기 능력도 향상되는 것을 느꼈고요. 상투적이거나 한계가 드러나는 표현을 금방 발견할 수 있었던 것도 뜻밖의 성과였습니다. 그러니 자연스레 좀 더 다채로운 어휘를 써서 말하고 싶은 욕심이 생기면서 더 많은 개념어를 찾아보게 되었습니다. 또한 문학 작품 속에서 아름다운 표현들을 수집해 나의 말하기에 활용하는 데도 열심을 갖게 되었고요.

말하기를 퇴고하는 법

작가들은 좋은 글을 쓰기 위해 고통스러운 퇴고를 거칩니다. 말을 잘하고 싶다면 우리 역시 말하기의 퇴고 과정을 거쳐야 합니다. 이미 입밖으로 내뱉은 말을 퇴고하는 게 무슨 소용인가 싶을 수도 있지만, 지난 말을 되짚어 앞으로 할 말을 다듬는 훈련이라 생각해보면 좋을 것 같습니다.

말하기를 위한 퇴고 첫 단계는 바로 내가 한 말을 글로 옮기고 살펴보는 일입니다. 특히, 회의 시간에 조리 있게 말하기가 어렵다면 반드시 녹음과 녹취를 해서 자신이 했던 말을 글로 바꿔보길 바랍니다. 녹취록을 활용한 말의 퇴고 과정을 구체적으로 소개하면 다음과 같습니다.

1. 쓸모 있는 표현을 찾아 형광펜으로 밑줄을 긋습니다. 처음에는 밑줄을 그을 만한 표현을 찾기 힘들 수도 있어요. 의미 없는 호응, 반복하는 말, 끝까지 마무리하지 못한 말들이 대부분일 수도 있습니다.

2. 그 말을 어떻게 바꿀 수 있을지 고심하며, 다른 표현으로 고쳐봅니다.

3. 특히 문장의 주어와 서술어가 잘 호응되는지 살펴봅니다. 말끝을 흐리면서 정확하게 문장을 끝맺지 못한 부분도, 그 상황에 적절했을 표현을 생각하며 완전한 문장으로 바꿔봅니다. 말하는 사이사이 '음', '저', '그게', '이게'와 같은 무의미한 표현이 너무 많지는 않은지 살핍니다. 실제로 중요한 의미를 담지 않았다면 그러한 말을 할 시간에 침묵하리라 마음먹고, (침묵)이라고 지문으로 표시합니다.

4. 고친 내용으로 다시 소리 내어 말해봅니다. 문장만 고치면 문어체가 되어 소리 내 읽었을 때 어색해지기 쉬우니, 손으로 고친 표현은 반드시 입으로 확인합니다.

5. 당시의 말하기 상황으로 돌아간다고 상상하고, 고친 내용으로 말을 해봅니다. 마치 '콘셉트 놀이'를 하듯, 스스로가 조직 내에서 유능한 인재로 주목받는 발표의 달인이 되었다고 생각합니다. 앞에서 익힌 말하기의 형식적 기본기를 잘 활용해, 회의 시간을 완벽하게 만들어봅니다.

말하는 방식을 보면
그가 어떤 사람인지 알 수 있다

"내가 왕이 될 상인가?"

영화 〈관상〉을 대표하는 대사입니다. 수양대군을 연기한 이정재 배우의 인상 깊은 등장 씬과 더불어 이 영화에서 가장 화제가 된 대사이기도 하죠.

저는 이 대사를 하는 수양의 태도와 목소리에 더 주목하며 영화를 봤습니다. 오히려 관상보다 '성聲상'을 주의 깊게 들었다고나 할까요? 수양의 행동과 목소리에서는 이미 왕이 될 자로서, 상대방의 기세를 찍어 누를 정도의 위력이 느껴졌습니다. 배우들이 역사 속 인물을 연기할 때 다양한 요소들을 고려하겠지만, 그 가운데 가장 중요한 요소는 해당 인물을 드러내는 특징적인 태도와 음성일 것 같습니다.

물론 실제 수양대군의 목소리 톤은 영화에서와 달리 가늘고 높았을 수도 있습니다. 그런데 우린 수양대군이 그런 목소리를 가졌을 것이라고 쉽게 예상하지 못합니다. 왜 그럴까요? 우리가 알게 모르게 특정 목소리가 갖고 있는 전형적인 느낌에 동의하고 있어서는 아닐까요? 장차 왕이 될 사람, 권력을 갖기 위해 독한 결단을 내릴 사람의 목소리는 아마 어떠할 것이라고 어느 정도 짐작한다는 것입니다. 그래서 예상을 벗어나는 캐릭터를 만들어내려면, 배우와 제작진들이 해당 캐릭터의 외모나 옷차림뿐 아니라 그의 목소리 톤, 말하는 방식과 습관까지도 치밀하게 설정하는 것일 테고요.

이와 같이 우리는 목소리가 주는 느낌을 통해 그 사람에 대해 어느 정도 보편적인 판단을 내립니다. 관련 경험과 정보가 쌓일수록 이 판단의 정확도도 높아지겠죠.

앞에서 행동경제학자들의 여러 이론도 소개했지만, 저는 오랫동안 다양한 공적 말하기를 집중적으로 훈련해온 전문가로서 말하기와 관련해 무의식중에 직관적 판단을 내릴 때가 많습니다. 호흡이나 발음으로 말하는 사람의 건강 상태나 구강 구조를 짐작하고, 어떤 목소리에서는 무언가 꿍꿍이가 있음을 느끼고, 긴장되는 마음을 누르기 위해 오히려 수선을 떠는 느낌을 받는 등 저의 직관을 발휘해 혼자 조용히 판단을 내릴 때가 많습니다.

특별한 경우가 아니라면 그 판단을 함부로 입 밖으로 꺼내진 않지만, 필요한 경우 조심스레 제 생각을 밝혀 대상자를 흠칫 놀라게 만든 경우도 제법 있습니다. 물론 결과적으로는 이러한 요인들을 제 자신을 더욱 엄격하게 돌아보는 주요한 잣대로 활용하고 있고요. 영화 〈관상〉의 또 다른 대사를 빗대어보자면, "사람의 목소리에도 모두 다 들어 있더이다"를 수시로 체감한다고 볼 수 있겠네요.

나의 목소리를 연주하는 '몸'이라는 악기

라디오 방송을 진행하는 저는 목소리 관리를 무엇보다 중요하게 여깁니다. 성대 결절이 생겨 방송을 쉬어야 했던 때, 후두근에 문제가 생겨 '음성 제한'과 '음성 휴식'을 권고받았을 때는 방송인으로서 직무 유기를 한 것 같아 몸도 마음도 불편했습니다. 그 일을 계기로 인체와 목소리, 그리고 발성을 적극적으로 공부할 수 있었지만 당시에는 제 일을 제대로 하기 위한 기본 토대가 무너졌다는 위기감이 무척 컸습니다.

그런데 몸에 대해 공부하면 할수록 목소리 건강만 따로 챙길 수 있는 것이 아니라는 사실을 깨닫게 되었습니다. 목소리는 결국 몸이 내는 소리라는 것을 알게 되었거든요. 호흡과 발성 과정을 들여다보면 목소리는 결국 상체 전체를 활용하는 활동이나 다름없습니다.

목소리는 폐 안에 있던 공기가 몸 바깥으로 들고 나는 과정에서 만들어집니다. 두 성대가 붙어 있는 상태에서 내뱉는 숨이 성문의 좁은 통로를 지나면서 미세한 소리가 됩니다. 성대는 떨어졌다 붙었다가를 반복하면서 성대음을 발생시키고, 이것이 목소리의 기본 주파수를 만들어냅니다. 이 주파수가 공명을 거치면서 우리가 듣는 말소리로 변합니다. 소리가 목에서 집중적으로 만들어지긴 하지만 목소리가 아닌 '몸소리'라 해도 말이 될 정도로, 우리 몸통은 목소리를 내는 데 영향을 미칩니다.

그래서 말하기 활동은 우리 몸이라는 악기를 활용하는 '연주'라고 생각할 수 있습니다. 비유가 아니라 실제로 그렇습니다. 악기의 세 가지 기본 요소를 살펴볼까요? 우선 공기 중에서 진동하는 음원이 필요합니다. 다음으로 이 진동의 강도를 높여줄 공진기 또는 공명기가 있어야 하고요. 마지막으로 소리를 공기 중으로 퍼뜨려 우리 귀에 닿게 할 무언가가 필요합니다.

이 세 가지를 우리 몸에 비유하면, 우리는 성대의 진동을 통해 만들어진 성대음이라는 음원을 갖고 있습니다. 성대음을 공명 기관을 통해 증폭하고, 입을 통해 공기 중으로 내보내지요. 그뿐인가요? 우리 목소리는 작은 입력으로 놀라울 정도로 큰 출력을 내는 놀라운 악기이기도 합니다. 성악가들의 성량은 그 어떤 악기 소리와 견주어도 될 정도입니다. 대부분 악기의 크기는 공명기가 결정하는데, 사람의 몸에서 공명기에 해당하는 기도는 그 크기가 17센티미터 정도이지만 한계를 훨씬 뛰어넘는 소리를 냅니다. 과학자들은 무려 반세기가 넘게 우리가 내는 소리의 과학적 원리를 알아내기 위해서 연구하고 있다니, 알면 알수록 목소리가 만들어지는 과정이 얼마나 신비로운지 느끼게 됩니다.

그럼, 목소리 관리는 어떻게 하는 것이 좋을까요? 목소리 건강을 제대로 챙기지 못해 낭패를 겪었던 제가 우선 의학 전문가들로부터 받은 조언은 충분한 휴식과 균형 잡힌 식사였습니다.

너무 뻔한 이야기죠? 저도 그렇게 생각했습니다. 그런데 우리 몸은 하나의 유기적인 시스템으로 작동하기에 목소리 건강만 챙기는 비법 같은 것은 따로 없다고 봐도 됩니다. 생각해보니 잠을 제대로 자지 못한 상태로 진행하는 방송에서 제 목이 이른바 '윤기'를 내는 좋은 소리를 내리라 기대하기는 어려웠습니다. 또한 회복탄력성이 떨어지는 나이에 이르니 충분한 휴식이 목소리에 얼마나 중요한 요인인지 더욱 실감하게 됩니다. 체중 감량을 위해 식사량을 급격히 조절하거나 반대로 자기 전에 음식을 많이 먹었을 때도 제 목소리에서 생기가 덜 느껴졌습니다.

우리는 앞서 좋은 목소리와 나쁜 목소리를 구분하는 것은 무의미하다는 점을 살펴보았습니다. 하지만 건강한 목소리와 그렇지 않은 목소리로는 명확하게 구분할 수 있습니다. 그리고 그 구분은 비교 분석할 만한 데이터를 가장 많이 가진 나 자신이 가장 정확하게 할 수 있습니다. 건강한 목소리를 내기 위한 기본은 건강을 살피는 일입니다.

목소리를 그 누구보다 잘 활용해야 하는 전문가들이 제게 알려준 목소리 관리법은 제각기 다양했습니다. 우선 공통적으로는 습도 조절을 꼽았습니다. 건조한 상황에서 내는 목소리가 목 건강에 얼마나 치명적이었는지 저마다의 경험담도 전해주었죠. '목소리를 관리하기 위해 목을 아껴야 한다', '꾸준히 목소리를 내는 연습을 해야 한다'와 같이 개인의 경험에 따라 의견이 갈리는 조언도 있었습니다.

저는 둘 다 맞다고 생각합니다. 평상시 목소리를 거의 내지 않고 생활하는 사람들에게는 목소리를 내는 근육이 너무 퇴화하지 않도록 소리 내어 읽기와 같은 활동을 권하고 싶습니다. 저처럼 목소리를 내는 활동이 일상적이고 중요한 직업을 가진 이들에게는 충분한 휴식 시간이 필요하다는 조언을 전합니다. 우리가 가진 가장 훌륭한 악기인 목과 몸 상태를 세심하게 잘 관리해, 목소리 건강을 잘 지켜주시길 권합니다.

목소리에서 인성이 묻어난다

목소리는 건강 상태에 따라서도 달라지지만, 내 상황과 기분에 따라서도 달라집니다. 타고난 목소리와 별개로 우리가 일상 속에서 내는 목소리가 얼마나 다양한지 분석해보면 깜짝 놀랄 수준이지요. 친구와 즐겁게 대화를 할 때의 경쾌한 목소리와 어려운 상사 앞에서 잔뜩 긴장할 때의 목소리만 해도 크게 다른 느낌을 주니까요.

　이렇게 다양한 목소리가 주는 느낌들이 매 순간 우리 안에 쌓인다고 해도 과언이 아닙니다. 목을 비롯해 발성에 영향을 미치는 몸의 각 기관을 습관적으로 쓰다 보면, 몸 상태에 따라 나의 목소리가 갖는 느낌이 정해지지요. 결국, 나의 습관이 나의 목소리에 영향을 미치고, 나의 목소리를 통해 나의 품성이 드러난다고 보아도 충분합니다.

그럼 내 말소리가 주는 느낌을 어떻게 분석하고 정돈하면 좋을까요? 평소에 하는 말을 녹음해서 들어보면 됩니다. 이때는 시각을 차단한 채 녹음한 소리에 오롯이 집중해서 들어보는 과정이 필요합니다. 보통 내 목소리를 녹음해서 들어보면 마치 다른 사람의 목소리인 것처럼 느껴지는 경우가 많은데요. 느낌만 그런 것이 아니라 실제로도 그렇습니다.

우리 몸속에는 두 가지 청각 기능이 있는데, 하나는 공기의 진동을 통해 전달되는 소리를 귀에서 모아 고막을 진동시키고, 달팽이관을 지나 청각신경을 자극해 뇌가 인지하는 청각입니다. 다른 하나는 뼈를 통해 소리를 인식하는 청각이에요.

전자를 기도 청각, 후자를 골도 청각이라 하는데 우리가 일상적으로 내는 목소리는 두 가지 모두를 통해 듣습니다. 입 밖으로 낸 소리를 귀로 듣는 기도 청각과, 우리가 말을 할 때 생기는 소리의 진동이 머리뼈를 지나 청각신경을 자극하는 골도 청각을 동시에 경험하는 거죠. 그런데 목소리를 녹음해서 들으면 몸 안의 진동 없이 기도 청각으로만 듣게 되니, 평상시에 내가 듣던 나의 목소리와는 다를 수밖에요. 대신 다른 사람들은 늘 기도 청각으로만 우리의 목소리를 들어왔기 때문에 녹음된 소리를 듣고도 이상하다고 느끼지 않습니다.

어쩌면 우리는, 다른 사람들이 듣는 우리의 목소리가 아닌 나만 들을 수 있는 나의 목소리를 들으며 일종의 착각 속에 살아가고 있는지도 모릅니다. 《보이스》의 저자인 존 콜라핀토는 이에 대해 '우리는 우리 자신의 목소리를 모른다'며 '매우 특이하고 철학적인 아이러니 중 하나'라고 말했어요.

우리의 목소리가 갖는 느낌, 그리고 상황에 따라 우리가 목소리를 어떻게 활용하는지 녹음을 통해 주의 깊게 들어보세요. 어떤 톤을 가졌는지, 말하는 내용에 따라 음의 높이는 어떻게 달라지는지도 분석해보고요. 모음을 어떻게 발음하는지 들어보는 것도 좋습니다. 이렇게 내 목소리를 들으면서 내 목소리에 담긴 느낌을 제 3자가 판단하듯 평가해보는 겁니다.

심리학자들에 따르면 두려운 상황에서 의도적으로 어깨를 펴는 등 자세를 바꾸는 것만으로도 자신감이 생긴다고 합니다. 목소리도 마찬가지입니다. 상사 앞에서 말을 할 때 유독 목소리가 기어들어간다면, 2장에서 익힌 대로 깊은 호흡을 충분히 한 다음 이전보다 조금은 풍성해졌을 소리를 믿고 말을 꺼내보세요. '내 마음이 불편하니 목소리도 이 모양이지'라고 미리 단정하거나 포기하지 말고, 먼저 목소리를 당당한 느낌으로 바꿔보자고 생각하면 좋을 듯합니다. 그러려면 무엇보다도 우리의 목소리가 어떨 때 당당한 느낌이고 어떨 때 온화한 느낌을 주는지, 그 미묘한 차이를 스스로 느낄 수 있어야겠죠? 그 차이를 찾아내기 위해서라도 자신의 목소리를 자주 들어보세요.

이 과정을 저는 흡사 악기 연주자들이 자신의 연주 소리를 듣고 또 들으며 최선의 소리를 찾아가는 과정이라고 여깁니다. 내가 연주하는 나의 목소리, 그리고 의미를 담은 말소리를 주의 깊게 들어봅시다. 나의 말소리를 통해 성격과 인품까지 함께 가꿀 수 있다는 사실을 기억하면서요.

내가 쓰는 어휘가 나의 수준이다

우리는 상대방의 말을 통해 그 사람에 대한 기본 정보를 어느 정도 얻을 수 있습니다. 억양을 통해 그의 고향이 어디인지 짐작할 수 있지요. 해외에서도 영국식 영어를 쓰느냐 미국식 영어를 쓰느냐에 따라 그 사람의 직업, 신분, 출신 등을 짐작한다고 하니, 말소리가 담는 정보가 생각보다 다양한 것 같습니다. 습관적으로 쓰는 단어에서 그가 속한 집단을 파악할 수 있고, 자주 쓰는 은어나 비속어로 그의 성격이나 가치관 등을 가늠할 수도 있습니다. 그렇다면 우리가 쓰는 말도 다른 사람들에게 나를 드러내는 잣대로 작용할 수 있겠죠.

저는 특히 어휘력을 키우기 위해 노력합니다. 단어를 많이 안다는 것, 어휘력이 출중하다는 것은 그만큼 판단 능력을 키울 수 있는 토대가 탄탄하다는 의미입니다. 내가 느끼는 감정에 제대로 이름을 붙일 수 있다는 것만으로도 그 감정을 좀 더 정확하게 들여다볼 수 있으니까요. 우리가 가질 수 있는 여러 편향된 생각과 그에 따른 판단 오류에 대해서 '그러려니' 하는 것과 '성급한 일반화의 오류'라는 다소 딱

딱한 용어라도 떠올리며 한 번 더 고민하는 데는 큰 차이가 있습니다. 그러니 세상을 섬세하게 이해하기 위한 그물망으로써, 어휘 실력을 촘촘하게 그리고 두루두루 쌓을 필요가 있습니다.

성인이 되고 나서 어휘력을 키우려 하다 보면 누구나 '정체 구간'을 만납니다. 자신의 전문 분야가 분명한 상황에서는 새로운 어휘를 알아야 할 필요성을 잘 느끼지 못하는 경우가 많거든요. 그런데 이것은 단순히 다양한 어휘를 알고 모르고의 문제가 아니라 내가 세상과 얼마나 다양한 끈으로 연결되어 있는지의 문제입니다. 그러니 너무 익숙한 단어에만 머물지 말고 낯선 단어를 만나면 정확한 의미를 찾아보고 가끔은 외국어 공부하듯 우리말을 공부해보세요. 인간의 사고 체계는 언어를 떠나 확장될 수 없기에, 새로운 어휘를 알아가려고 시도하는 것 자체가 우리에게는 훌륭한 자극이 되어줍니다. 최신 시사 용어나 신조어만을 말하는 것이 아니라, 어떤 분야의 어휘이든 새로운 단어를 알아가는 즐거움을 통해 나의 지식과 지혜를 넓혀가는 경험을 해보면 좋겠습니다.

내가 잘 아는 어휘의 정확한 뜻을 점검해보는 과정도 매우 중요합니다. 특히 우리말은 한자어의 비중이 높지요. 국립국어원 표준국어대사전에 등재된 말이 2022년 5월을 기준으로 총 42만 2,890개인데 이 중 55.6퍼센트가 한자어라니, 우리말을 잘 쓰기 위해서라도 한자의 뜻을 정확하게 이해하는 것은 필수입니다. 대충 뜻을 짐작해 쓸 것이 아니라 한번쯤 사전을 들여다보며 정확한 뜻을 찾고, 실제 상황에서는 어떻게 활용하는지 확인해보길 권합니다.

논란이 일었던 '심심한 사과', '금일', '사흘' 등에서도 알 수 있듯, 어휘 하나가 드러내는 시사점이 참으로 다양할 수 있습니다. 마찬가지로, 개인의 문제로 좁혀봐도 비슷한 상황이 빚어질 수 있습니다. 우리가 습관적으로 별 생각 없는 쓰는 말들 중에, 다른 사람들이 우리의 상식 수준을 의심하게 만드는 어휘가 있을 수 있습니다. 예를 들어 서로 '목례'를 나누었다는 건 눈짓으로 가볍게 인사를 주고받았다는 뜻이지 목을 까딱거리며 인사했다는 뜻이 아니지요. '진위'는 참과 거짓, 진짜와 가짜를 통틀어 이르는 말인데, 흔히 '진위 여부를 가리다'라고 쓸 때가 많습니다. '여부'는 '그러함과 그러지 아니함'이라는 뜻이니, '진위'와 함께 쓰면 '참과 거짓, 그러함과 그러하지 않음'이 겹쳐지는 이상한 말이 됩니다. 그러니 '진위를 가리다'라고 써야 정확하지요.

이러한 우리말 상식이 있는 사람과 그렇지 않은 사람의 수준은 특히 공적 말하기의 순간에 커다란 차이를 만듭니다.

어휘는 우리의 생각을 드러내는 가장 작은 요소라는 점을 알아야 합니다. 우리 사회는 더 이상 '한 부모 가정'이나 '조손가정'을 '결손가정'이라고 부르지 않습니다. 정상과 비정상, 완전함과 결핍을 정의하고 구분 짓는 기준이 얼마나 편협한 생각에서 나온 것인지 많은 이들이 동의하고 있기 때문입니다. 그런데 어떤 사람이 한 부모 가정의 아이에게 '결손 가정에서 자란다'라고 말하면, 그 사람은 가족의 다양한 형태를 인정하지 못하고 편견이 강하다는 점을 드러내는 셈입니다. 설령 나는 그렇게 생각하지 않지만 예전부터 그렇게 써온 버릇이 남아 있어서 지금까지 말하던 대로 했을 뿐이라고 해도, 자신의 무지함을 드러낸다는 사실에는 변함이 없습니다. 이처럼 내가 쓰는 어휘 하나에 나의 세계관과 내가 바라보는 세상이 드러난다는 점을 깊이 이해하면 좋겠습니다.

말하기를 살펴 세상을 이롭게

어휘 하나로 나의 편견과 무지가 드러날 수 있다는 사실을 알고 나면 말 한마디 한마디를 얼마나 신중하게 해야 할지, 그리고 매 순간 이 세상에서 어떤 일이 일어나고 있는지 살펴야 한다는 결론에 이르게 됩니다. 더 나아가 내가 하는 말을 통해 나라는 사람이 드러난다는 사실을 자각하고 나면, 나의 언어 습관을 살피는 일이 결국 자신을 돌아보는 일이라는 것도 알게 됩니다. 이러한 노력이 우리 사회 전체를 바꿔나갈 원동력이 될 수도 있고요.

소비자로서 화가 나서 상담원과 통화를 할 때, 화가 난 감정을 그대로 담아 말하는 경우가 종종 있습니다. 어떤 문제가 있는지 설명하기에 앞서 상대방에게 본인의 거친 호흡과 목소리로 '화'를 전달하기 쉽지요. 그런데 상담원은 소비자의 불편함을 확인하고 해결하는 업무를 하는 사람입니다. 그들의 직업을 정확하게 인정하는 자세로 말을 꺼내면, 화가 난 감정과 별개로 자신이 원하는 해결책을 요청하면서도 차분하게 대화를 나눌 수 있습니다. 예전보다는 많이 나아졌다지만, 지금도 묵묵히 자신의 일을 하는 사람을 붙들고 입으로 칼을 휘두르며 감정을 배설하는 사람들이 있다는 사실이, 못내 안타깝습니다.

이런 무례한 사람들을 비판하고 불합리한 시스템을 개선하는 것 이상으로 우리 스스로를 자주 돌아보는 노력이 필요한 것도 같은 이유입니다. 바로 각자의 말하기를 살피는 과정을 통해서 말이지요. '나도 모르는 사이에 누군가에게 상처를 주는 말을 쉽게 내뱉고 있는 건 아닌지' 매 순간 돌아볼 필요가 있습니다. 한번 뱉으면 공기 중에 흩어져버리는 말을 매 순간 돌아보는 것이 가능한가 싶을 수도 있지만, 우리가 하는 말들이 모여 우리의 성품을 만들고 우리가 사는 세상을 완성하는 법이니, 결코 간과할 수 없는 과정이라고 생각합니다.

이러한 노력이 누구에게나 자연스럽고 당연한 행위가 된다면, 그래서 말하기에 좀 더 경각심을 갖고 신중할 수 있는 사회라면 적어도 지금처럼 누군가에게 폭력이 되는 말을 쉽게 내뱉지는 못할 것 같습니다. 그리고 말의 무게를 그 누구보다 엄중히 느껴야 할 사람들의 무책임한 언행 역시 조금은 덜 볼 수 있지 않을까 싶어집니다.

말실수란 없다

우리는 누구나 많은 실수를 하면서 살아갑니다. 특히 말이나 글이 만들어내는 재난을, 잊을 만하면 겪습니다. 때로는 스스로 초래하기도 하고요. 말실수는 사적인 관계에서도 자칫 서로에게 상처를 남기기 쉬운데, 공적인 관계에서는 얼마나 치명적인 결과를 초래하겠어요.

"아까는 너무 화가 나서 저도 모르게 말실수를 했어요. 미안해요."

"제가 마음에도 없는 말을 하고 말았습니다. 죄송합니다."

"엄중한 시기에 경솔하고 사려 깊지 못한 발언으로 심려를 끼쳐드린 점 사과드립니다."

참 많이 들어온 발언입니다. 그런데 우리는 이런 말을 들으면 이미 그런 사과 또는 해명을 하는 사람에 대해 이러한 생각을 하게 됩니다.

'감정과 태도를 구분하지 못하는 사람'

'솔직할 용기조차 없는 사람'

'피해자에 대한 진심이라곤 없이, 보여주기 식 행위에만 익숙한 사람'

엄밀히 따져보면 '말실수'란 존재하지 않습니다. 말이란 결국, 우리가 가진 생각과 태도가 입을 통해 소리로 새어 나오는 것일 뿐이기 때문입니다. 조금 냉정하게 얘기하면 '그저 말실수였으니 한 번만 봐달라'는 말은 하지도 말고 듣지도 말아야 합니다. 말은 단순히 소리가 아니기 때문입니다. 말에 담긴 뜻과 말하는 사람의 생각과 태도에 우리 사회가 훨씬 더 엄격한 잣대를 들이대, 비판하고 반성할 수 있게 해야 합니다. 그래야 상식을 바로잡을 수 있고 조금이라도 나은 세상을 향해 나아갈 수 있습니다.

주의를 기울이지 않아서, 또는 자신도 모르게 잘못된 말을 쓰는 경우를 피하기 위해 우리는 어떤 점을 주의해야 할까요? 기본적으로 내 말이 갖는 영향력과 파장이 어느 정도인지 잘 알아야 합니다. 공인인지 유명인인지 여부가 중요한 게 아닙니다. 사실 조직 내에서는 직급이 무엇이든 구성원의 말 한마디가 다양한 파급력을 갖지만, 영향력이 큰 위치에 있을수록 말을 삼가고, 이러한 표현이 어떤 의미를 갖는지 더욱 엄격한 기준으로 살펴야 합니다.

내가 하고자 하는 말이 정확한 정보나 사실에 근거한 것인지도 명확하게 알아야 합니다. 홍수같이 밀려드는 정보량에 비해 내 판단의 기준이 될 근거가 부족하거나 부정확하다면, 그 일에 대해 섣불리 입 밖으로 내지 않는 것이 좋습니다. 또한 인과관계인지 상관관계인지 확인하지 않은 상황에서 함부로 원인을 해석하며 사실을 오도하지 말아야 합니다. 책임 소지를 가려야 하는 예민한 상황에서는 더욱 조심해야 하고요.

우리는 일단 말을 '뱉고' 보는 경우를 많이 접합니다. 이런 방식을 악용하는 상황도 많이 겪고요. 누군가의 섣부른 판단에 따른 무책임한 말 한마디 때문에 조직이나 공동체 전체가 출렁이는 지경에 이르게 된 사례도, 심심찮게 목격합니다.

지금 시대와 맞지 않는 부적절한 비유를 하지 않도록 주의하는 것도 중요합니다. 상투적인 표현은 피하거나 뜻을 주의하며 사용해야 합니다. 자신의 편협한 생각을 미처 깨닫지 못한 채 말을 할 수 있다는 사실을 알고 늘 경계해야 합니다. 누군가를 다치게 하는 말을 하면서도 나쁜 의도나 비하할 생각이 없었다고 변명하고 상대방이 나의 말에 너무 '예민하게 군다'라는 식으로 비판을 가장한 비난을 할 것이 아니라, 의도하지 않았지만 나쁜 결과를 초래했다는 사실을 있는 그대로 받아들이고 반성할 수 있어야 합니다. 그리고 그 말이 낳은 부정적인 결과에 그동안 너무 무심했던 것은 아닌지 적극적으로 살펴야 합니다. 상대방이 예민한 것이 아니라 자신이 예민하지 못했음을 탓하는 것이 옳습니다. 그래야 의도하지 않은 상태에서 나의 말로 누군가에게 모욕을 주거나 상처를 입히는 일을 줄여나갈 수 있습니다.

이렇듯 나의 말하기를 꾸준히 돌아보고 적극적으로 살피는 일, 나의 말이 칼이 되어 누구가를 혐오하는 결과를 낳게 되진 않을지 성찰하는 일은 무척 중요합니다. 나의 말부터 먼저 비판적인 자세로 들여다볼 수 있어야 다른 사람의 말이 가진 오류와 폭력성을 제대로 짚어낼 힘을 기를 수 있습니다.

말하기를 통한 성찰은
결국, 나를 위하는 일

'말의 힘'이라는 표현이 관념적인 메시지가 아닌 실체가 있는 무언가로 다가올 때가 있습니다. 방송을 통해 만나는 수많은 청취자와 교감하며 제가 느낀 말의 힘은, 생각보다 강력했습니다. 밤새 무탈했는지 진심으로 궁금해하고, 하루의 시작이 안녕하기를 온 마음을 다해 응원하는 저의 말에 청취자들의 호응이 생각보다 컸습니다.

그런데 사소해 보이는 인사말에 진심을 담아 잘 전달하는 게 결코 단순한 일이 아니었어요. 밤새 어떤 일들이 있었는지 대충이라도 알아야 했고 지루하고 힘든 일상이지만 그 속에서 최대한 빛나는 순간을 끄집어내기 위해서는 제가 먼저 마음을 다잡아야 했습니다. 그러고 나서야 기계적인 멘트가 아닌 제 진심이 담긴 말을 할 수 있었습니다.

이런 의미에서 본다면 제게 있어 말의 힘이란, 결국 '인생을 제대로 잘 살아내게 만드는 근원'이라는 생각이 들었습니다. 제가 방송에서 하는 말에 진심일 수 있고 그 말에 책임질 수 있으려면 제 자신이 그 말에 합당한 생활과 인생을 살아가야 할 테니까요. 우리 모두 말을 하지 않고는 자신의 존재를 알리기 어렵다는 점을 생각해보면, 누구에게나 적용되는 이야기가 아닐까요.

누구나 자신이 하는 말을 통해 본인의 존재를 설명하는 '말하기의 순간들'이 있습니다. 조직에서 주고받는 일상적인 대화부터 나에 대한 엄격한 평가가 뒤따르는 말하기 상황도 있지요. 자신의 삶을 말과 글로 표현하는 시간도 있습니다. 이러한 말하기의 순간에 진심을 쏟아 최선을 다하는 것 자체가 자신의 유능함을 키워나가는 일, 더 나아가서는 좀 더 근사한 사람이 되어가는 과정이지 않을까요.

보고와 발표를 잘하려면 일머리와 실력을 키울 수밖에 없습니다. 상대방을 이해하기 위해 그들을 알아가고 공감대를 만들어가는 일 역시, 어렵지만 계속 하게 됩니다. 이 과정에서 경험하고 생각하는 것들을 말과 글을 통해 표현하고요. 이러한 순간들이 쌓일수록 우리는 성장합니다. 어쩌면 우리 모두에게 말의 힘이란, 우리가 세상 속에서 제 역할을 해내며 충실하게 살아가게 하는 힘일 수 있습니다.

이처럼 개개인이 말의 힘을 알고 자신의 말하기에 진심을 쏟을 수 있다면 어떨까요? 말 자체가 나라는 존재를 그대로 드러내는 행위임을 자각하고, 서로에게 겸손할 수 있는 사회라면 어떨까요?

말의 힘을 믿는 저는, 우리 각자가 자신의 말에 충실할 수 있는 삶을 살기를 바랍니다. 또한 이러한 삶을 통해 말하기에 진심을 다하는 사람들이 건강하게 연결되는 사회를 꿈꿉니다.

제가 자주 필사를 하며 그의 생각과 언어에서 많은 영감을 얻고 있는 김영민 교수는 그의 책《공부란 무엇인가》에서 "섬세한 언어야말로 자신의 정신을 진전시킬 정교한 쇄빙선"이라고 했습니다. 저 역시 그의 말을 빌려 표현해보고 싶습니다. 섬세하게 자신의 말하기를 살피고 세상과 조율해나가는 일이야말로 자신과 세상의 품격을 높일 정교한 쇄빙선을 제대로 운항하는 일이라고 말입니다.

말하기의 힘은 생각보다 강합니다

지금으로부터 꼭 20년 전인 2003년, 출근 시간대에 라디오 프로그램을 진행하던 저는 청취자들이 방송 중에 실시간으로 문자를 보내는 이른바 '실시간 양방향 소통 방송'을 처음 경험하게 되었습니다. 요즘은 생방송 중에 실시간으로 댓글이나 문자를 보내는 일이 일반적이지만, 이런 방식은 스마트폰이 등장한 2010년 이후부터 도입되었습니다. 2000년대 초반에는 청취자가 방송에 실시간으로 문자 사연을 보낼 수 있게 된 지 얼마 지나지 않았던 때였지요. 그전까지는 방송사 홈페이지에 사연을 남기는 식으로 참여하는 경우가 대부분이었습니다. 이 방식은 방송 프로그램에 편지나 엽서로 사연을 보내는 것보다 '시차'가 덜 나긴 했지만, 실시간으로 방송에 함께하기에는 역시 한계가 있었습니다.

이렇듯 청취자들의 살짝 늦은 반응과 사연 소개 위주의 방송에 익숙했던 저로서는, 방송 중 발언하는 한마디 한마디에 다양한 청취자들이 실시간으로 문자를 보내오는 상황이 적잖은 문화적 충격이었습니다. 그 반응들은 제게 힘이 되기도 했고, 때로는 짐이 되기도 했습니다. 칭찬을 받을 땐 당연히 기분이 좋으니 신이 나서 방송을 진행할 수 있었지만, 비난을 받으면 쿵쾅거리는 심장 소리를 들키지 않으려 애쓰며 남은 생방송 시간을 이끌어가야 했습니다. 다행히 비난보다는 비판이 많았고 그 둘을 합친 것보다 응원과 칭찬이 훨씬 더 많았으니 지금까지 굳건히 방송을 진행하고 있는 것이겠지요. 또한 청취자들이 보내는 즉각적이고도 수많은 반응 덕분에 제가 하는 말을 더욱 세심하게 살피게 되기도 했고요.

그 중에서도 특히 잊을 수 없는 사연이 있어요. 그날 역시 출근길 곳곳에는 극심한 교통정체 상황이 벌어졌고 특히 사고 탓에 막히는 구간이 많았습니다. 저는 "거기 계신 분들, 차가 밀려서 많이 짜증나시죠?"라며 그래도 제가 전하는 음악을 들으면서 조금만 여유를 가져달라는 등의 멘트를 이어갔습니다. 그런데 저의 말이 끝나자마자 어느 청취자가 다음과 같은 문자 메시지를 보내셨습니다.

"아이코, 내가 바로 지금 거기 있는 사람인데요. 난 정연주 아나운서가 좋은 목소리로 들려주는 유쾌한 얘기랑 음악 들으면서 그저 천천히 가고 있었는데, 짜증이란 말을 들으니 갑자기 꽉 막힌 도로 풍경이 눈에 들어오네요?"

순간, 복잡한 도로 상황조차 잊어버릴 정도로 방송에 푹 빠져 있던 청취자에게 내가 무슨 짓을 한 건가 싶었습니다. 제가 전한 말 한마디로 한 사람의 아침 풍경이 순식간에 다른 모습으로 느껴졌다는 사실에 얼마나 당황스러웠는지 모릅니다. 제 딴에는 사고 구간을 지나가는 분들의 마음을 짐작해 공감하고자 한 말이었는데, 누군가의 기분을 헤아린다는 것과 그것을 단정 지어 말하는 것은 전혀 다른 문제였습니다. 더욱이 어감도 좋지 않고 쓰임도 두루뭉술한 '짜증'이란 어휘를 쓴 것은 상투적이었고 부주의한 일이었지요. 그런 제가 많이 부끄러웠고 청취자들께는 무척 죄송했습니다.

그전까지 저는 가는 말이 고와야 오는 말이 곱다거나 말 한마디로 천 냥 빚을 갚는다는 속담에 대해서, 단지 말이 거칠면 안 된다거나 말을 잘한다는 건 살아가는 데 꽤 유용한 일이라는 정도로 이해했던 것 같습니다. 그런데 말 한마디가 누군가의 아침 풍경과 세상의 느낌을 순식간에 바꿔버린다는 것을 경험한 뒤로, 저는 그 익숙했던 속담을 좀 더 넓은 의미로 해석하게 되었습니다. 내가 부주의하게 건넨 말로 상대방이 인식하는 세상이 달라질 수 있다는 것은 무척 무서운 일이라는 느낌이 들었어요. 직업 특성상 공식적인 상황에서 '가는 말'을 주로 하며 살아가야 하는 저의 말하기 활동은 단순히 곱고 거칠고의 문제보다 더 큰 차원의 성찰을 필요로 한다는 것을 깨달았습니다. '천 냥 빚을 갚을 수 있는 말'이 있다면 만 냥 빚을 지게 하는 말도 있다는 뜻이니 말하기는 엄격하게 살펴야 할 일이라는 점도요. 더불어 말이 가진 '파장'에 대해서도 생각하게 되었습니다. 여기서 파장이란 물리적인 의미이기도 하고 비유적인 뜻이기도 해요. 나의 말이 상대방의 청각으로 전달될 때 어떤 느낌으로 다가갈지 소리로도 살피고, 상대방의 마음에 어떤 영향을 미칠지 그 의미도 두루 살필 수 있기를 바라게 되었습니다.

저마다의 삶 속에서 한번쯤 자신의 말하기에 대해 성찰해보는 계기가 있을 것이라고 생각합니다. 주로 나의 말하기가 상대방에게 혹은 세상에 미친 영향보다는 다른 사람이 내게 던진 말 때문에 겪었던 불편함이나 상처 때문에 성찰의 기회를 갖는 경우가 많습니다. 그럴 땐 얼른 타산지석을 떠올려보면 어떨까요? 쓸데없이 누군가에게 상처받기보다 그 사람의 말을 살펴 나 또한 다른 누군가에게 '나쁜 돌'을 던지진 않았을까 생각해보는 겁니다. 우리가 세상 혹은 사회나 조직이라고 부르는 단위는 결국 '수많은 너와 나'의 총합에 불과한 것입니다. 그렇다면 나의 말하기부터 살피는 일, 내가 너에게 말하는 내용과 태도를 자세히 따지거나 헤아려보는 일은 결국 세상을 위해서도 의미 있는 일이 아닐까요?

　저 역시 누군가가 함부로 굴리는 돌들을 보면서 좌절하는 경우도 많고, 그러한 순간들을 타산지석으로 삼아야겠다고 다짐할 때도 많습니다. 그래도 비교적 다행인 것은 '내 말의 밭'에 어떤 돌들이 있는지 비교적 꼼꼼히 살피는 습관이 있다는 점입니다. 참으로 다행인 이 습관들을 잘 가꾸면서, 저는 앞으로도 어휘를 고민하고 문장을 살피고 말하기의 TPC를 점검하려는 노력을 끊임없이 기울이려 합니다. 제가 속한 조직과 사회가 조금이라도 다정하고 이로운 곳이 되길 바라는 마음을 담아서 말이지요.

말을 잘한다는 것이,
이렇게나 어려운 일이기에

고(故) 김근태 의원과 2000년경 인터뷰를 한 적이 있습니다. 방송 전 사담을 나누던 중 그분은 엄혹했던 시절 고문을 당하며 겪었던 육신의 아픔보다, 당시 그 공간에 있던 라디오에서 흘러나오는 아름다운 음악 소리를 더 고통스러운 자극으로 기억한다고 말씀하셨습니다. 그리고 그 음악을 소개하던 평온하고 아름다웠던 아나운서의 목소리 역시 같은 고통으로 남아 있다고 덧붙이셨습니다.

그 인터뷰 이후 한동안 마이크 앞에 앉는 것이 두려웠습니다. 혹시 누군가의 아픔을 알지 못한 채 또는 외면한 채 그저 저의 말소리가 '아름답기만' 할까 봐서요.

아나운서가 된 이후 얼마 지나지 않은 때에 나누었던 그 대화는 제게 방송에 대한 두려움을 안겨주는 경험으로 자리 잡았습니다. 그래도 마냥 두렵지만은 않았습니다. 방송을 통해 제가 할 수 있었던 경험들이 무척 소중했기에, 문득문득 솟아나는 두려움 역시 디딤돌 삼으려 노력했습니다. 또한 제게 주어진 역할을 잘 해내기 위해 마음가짐을 바르게 하며 스스로 용기를 북돋았고요. 그렇게 매 순간 숨을 고르며 제 일에 충실하려 했습니다.

방송을 하며 말하기 자체를 신경 쓰기보다 방송을 하는 제가 어떻게 역할을 수행해야 할지, 마음가짐은 어때야 할지 초점을 맞추려 애썼던 것 같습니다. 작은 사명감이라 표현할 수 있을까요. 만에 하나라도 세상과 단절된 누군가에게 아름다운 목소리로만 고통스러운 자극을 주는 존재는 되고 싶지 않다고 다짐했습니다. 설령 그것이 뜻하지 않은 결과였을지라도 말이지요.

방송사에서 아나운서의 쓸모를 인정할 때 가장 먼저 맡기는 일은 뉴스 진행입니다. 뉴스 진행자로서 제가 제일 신경 쓴 것은, 내가 전하는 뉴스를 내가 얼마나 이해하는가 하는 부분이었습니다. 그 뉴스가 흔들리는 버스 차창에 머리를 부딪치며 부족한 잠을 채우려는 직장인의 귀에도 명료하게 전달되기를 바라는 마음으로, 저의 말하기를 살폈습니다. 다양한 주제를 담는 프로그램을 진행할 때도 방송에서 다룰 내용을 준비하며 공부하는 것이 흥미로웠고, 방송을 보고 듣는 시청자와 청취자들이 나와 같은 재미를 느낄 수 있으면 좋겠다는 마음이 컸습니다. 라디오 생방송을 할 때도 인생의 한순간을 기꺼이 떼어내 내 목소리에 귀 기울이는 청취자들이 그저 신기했고 그 시간을 공유하는 그들의 마음이 궁금했습니다. 이왕이면 그들의 마음에 진행자인 내가 전하는 말 한마디가 잘 가닿기를 바라는 욕심이 있었고요.

이런 속내를 누군가에게 털어놓을 때면 시쳇말로 '나이브naive'하다는 평가를 듣거나 일에 있어 소위 '꽃길만 걸어온' 덕분이라며 큰 부침 없이 방송에 전념할 수 있었던 상황에 감사하라는 말을 핀잔 삼아 듣기도 했지만, 저의 작은 사명감은 그동안 저를 움직이는 보이지 않는 힘이었습니다.

그러던 중 말하기와 관련해 제 생각을 집중적으로 정리할 기회가 있었습니다. 개인적으로는 의외의 병증을 진단받았다가 호전된 이후였고, 공적으로는《아나운서 말하기 특강》이라는 책의 공저자로서 북콘서트 등을 통해 말하기에 관심이 큰 독자들을 직접 만날 수 있었던 시기였습니다. 또한 대학원에서 학업을 마친 후 정책홍보 등에 관심이 커져 있을 때이기도 했고요.

때마침 문화체육관광부에서 고위공직자를 대상으로 하는 정책홍보 역량 강화 교육과정을 마련해, 한국아나운서연합회 소속 아나운서로서 참여하게 되었습니다. 행정학을 전공한 저는 공직자들과 메시지 구성부터 미디어를 통한 최종 브리핑까지 조금은 폭넓게 관련 이야기를 나눌 수 있었습니다.

그 과정에서 저는 실력 있는 사람들이 말하기 자체에 과도한 부담감을 안고 있거나 자신의 내공을 드러낼 중요한 요소로써 말하기를 이해하지 못하고 소홀한 경우를 엿볼 수 있었습니다. 이러한 사례를 자주 접하다 보니 그동안 제가 말하기를 위해 어떤 마음가짐을 가져왔는지 살피고, 비교적 말하기에 숙련된 사람으로서 평상시 당연하게 여겼던 기본기도 상세히 분석해 정리할 수 있었습니다. 그저 일이 좋아서 즐겁고도 치열하게 정성을 기울였던 과정들을 되짚으며, 그것이 말하기에는 어떤 영향을 주었는지도 추적해볼 수 있었고요.

재미있는 작업이었고, 새삼스레 깨닫는 점도 있었습니다. 제가 평소 의식하지 않고 무심히 해왔던 많은 일이, 알고 보니 나 자신이 궁극적으로 말을 잘하고 싶어서 관심과 노력을 기울인 결과물이라는 점이었습니다. 즉, 저는 말을 전하는 '매개체'로서 많은 상황에서 저의 쓸모를 확인하고 싶었던 것입니다.

무용가가 움직임을 통해 감동을 주고 싶어 하듯, 화가가 그림을 잘 그리고 싶어 하듯, 연주자가 악기 연주로 듣는 이의 마음에 울림을 주고 싶어 하듯 저는 정말 말을 잘하고 싶었습니다. 그럼에도 말을 잘한다는 것이 얼마나 어려운 일인지 너무 잘 알고 있기에, 저는 그저 변죽만 칠 뿐 말을 잘하고 싶다는 소망 또는 목표를 함부로 입에 담기는커녕 생각하지도 못했던 것이었습니다.

그런 저의 큰 목표를 깨닫고 나니, 제가 경험하고 고심했던 것들을 구슬 꿰듯 엮어보자는 마음을 낼 수 있었습니다. 많은 '지음知音'들께서 제게 주신 도움이 없었다면 불가능했을 일입니다.

말을 잘하기 위해 나의 내면과 주파수를 맞추는 일, 나의 말의 궁극적인 주인이 내가 아님을 알고 말을 나누는 상대방과 주파수를 맞추려 노력하자는 이야기. 이는 건강한 관계 맺기를 위해 저 또한 평생에 걸쳐 해야 할 숙제와 같은 일입니다. 말의 형식적인 기본기를 갖추기 위해 내 말소리를 살피고 발음 등을 점검하는 노력이 세상을 향한 내 소리를 정교하게 다듬는 작업이라는 점 역시, 형식의 완성도를 높여 얻을 수 있는 가치가 작지 않다는 것을 잘 알고 있는 제가 매 순간 해내야 할 일이기도 합니다.

나의 말이 담는 내용의 질을 높이기 위해 실력을 채워가는 과정도 저는 아마 쉬지 못할 것 같습니다. 입을 빌려 표출하는 나의 생각과 감정으로서의 말을 엄격하게 살피는 일이 '수신제가 치국평천하'에서 가장 기본 단위인 몸과 마음을 닦는 첫 번째 조건임을 깨달았기에, 아마 저는 더 쉽사리 입을 열지 못할지도 모르겠습니다.

그동안 말하기를 둘러싼 다양한 담론을 보며 거대한 인생 과제를 너무 쉽게 꺼내 이야기하는 것 같다 느꼈습니다. 이러저러한 지침들은 거창하거나 지엽적인 것으로 여겼고요. 그러다 보니 말과 관련한 말을 줄이고, 때로는 삼가고 경계하는 편에 서 있었습니다. 그랬던 제가 결국 말을 잘한다는 것에 대한 거창한 이야기를 이렇게 꺼냈으니 한편으로 또 다른 두려움이 엄습합니다.

하지만 이번에도 그 두려움을 누를 용기를, 조금은 확장되었겠지만 여전히 작은 저의 사명감에서 얻습니다. '너와 내가 하는 말하기의 총합'에 지나지 않을 '세상의 말하기'를 다듬는 임무를 스스로 부여하고 그 역할을 잘하고 싶습니다. 작은 사명감에 비해 큰 욕심인 것을 알지만, 저 혼자서는 불가능하다는 것 역시 더 잘 알기에 이 책을 계기로 여러분께 말을 건넵니다. 우리 모두 말을 잘한다는 것을 이해하고 서로에게 정말 말을 잘하며 살아가는 세상을 꿈꿔보자고 말이지요.

미처 깨닫지 못했던 저의 원대한 목표이자 꿈, 정말 말을 잘하고 싶다는 생각을 갖게 해준 이들이 있습니다. 지난 25년간 저를 키운 '말선생'이나 다름없는 시청자입니다. 특히 라디오 생방송 시간에 제 말소리에 귀를 기울여 마음을 다해 들어주고, 귀한 시간을 쪼개 반응해주신 분들 덕분에 저는 매일 마음을 다잡고 저의 말하기를 더욱 두루 살필 수 있었습니다. 제 마음속의 감사와 뿌듯함과 죄송함을 모두 담아낼 표현을 아직 찾아내지 못해, 그저 긴 호흡을 곁들여 겨우 입 밖으로 꺼내 그 마음을 전합니다. 진심으로 고맙습니다.

Memo

말을 잘한다는 것

초판 1쇄 발행 2023년 6월 20일
　　　 4쇄 발행 2024년 10월 15일

지은이 정연주
펴낸이 오세인 ｜ **펴낸곳** 세종서적(주)

주간 정소연 ｜ **편집** 이다희
표지 디자인 유어텍스트 ｜ **본문 디자인** 김미령
마케팅 조소영 ｜ **경영지원** 홍성우
인쇄 천광인쇄 ｜ **종이** 화인페이퍼

출판등록　　1992년 3월 4일 제4-172호
주소　　　　서울시 광진구 천호대로132길 15, 세종 SMS 빌딩 3층
전화　　　　(02)775-7011
팩스　　　　(02)776-4013
홈페이지　　www.sejongbooks.co.kr
네이버 포스트　post.naver.com/sejongbooks
페이스북　　www.facebook.com/sejongbooks
원고모집　　sejong.edit@gmail.com

ISBN 978-89-8407-815-4 　(03320)